Jean-Marie Jeudy

Autour de CHAMBÉRY et AIX-les-BAINS

Balades pour petits et grands

LIBRIS

Les marques GR®, GR de pays® et PR® sont des marques déposées de la Fédération française de la randonnée pédestre (F.F.R.P.).

Nous avons apporté le plus grand soin à l'élaboration de cet ouvrage en nous efforçant de fournir des informations objectives, complètes et actualisées.
L'éditeur et l'auteur ne sauraient être tenus pour responsables dans l'hypothèse d'un accident sur les itinéraires et tracés suggérés dans cet ouvrage, et ce, quelles qu'en soient les causes.

Nous remercions les utilisateurs de ce guide de nous faire connaître les erreurs ou omissions qu'ils auront pu constater et de nous faire part de toutes remarques ou suggestions susceptibles d'améliorer nos publications.
Libris, 17, rue Bayard, 38000 grenoble
Site web : www.libris.fr
E-mail : libris@libris.fr

LIBRIS
17, rue Bayard
38000 Grenoble

Collection dirigée par Jean-Paul Rousselet, Libris
Cartographie : Sophie Simon
Mise en pages : Stéphane Georis, Libris
Photos : © Jean-Marie Jeudy

2e édition
Dépôt légal : avril 2007
ISBN : 978-2-84799-020-1
Imprimé en France

Randonner autour de Chambéry-Aix

Si l'on veut avoir une vue d'ensemble de la cluse chambérienne, le mieux est de grimper sur la cime du Nivolet ou sur la dent du Chat. Et pénétrer de plain-pied dans le vif du sujet. Cette cluse a été creusée et sculptée par les glaciations du quaternaire.
Un énorme glacier occupait la vallée, d'une épaisseur considérable puisqu'il atteignait les hauteurs du Nivolet comme l'atteste la présence de blocs erratiques. Lorsqu'il s'est retiré, il a laissé des collines morainiques, dont celles de Myans et des Marches.
Et il a laissé le lac du Bourget. Ce plan d'eau était plus vaste qu'aujourd'hui. Il s'étendait au-delà vers le nord et vers le sud. Au fil des temps, il a trouvé ses dimensions en laissant des zones marécageuses, notamment en Chautagne.

L'homme est venu s'installer dans la région dès l'époque préhistorique. Au cours des siècles, il a établi son habitat et tracé ses voies de communication. Il a travaillé la terre. Il a construit des villes et des villages. Dont Chambéry qui fut la capitale des ducs de Savoie, et la cité thermale d'Aix-les-Bains en bordure des eaux.

Sur les hauteurs de Chambéry : château de la Bâthie.

En Chartreuse : Entremont-le-Vieux.

C'est au cœur de ces paysages au relief prononcé que se situent les cinquante itinéraires de ce guide. Des parcours en fond de vallée, le long des pentes et sur les cimes alentour. Dans le massif de la Chartreuse et celui des Bauges, vers la Combe de Savoie et l'Avant-Pays, et jusque dans le Val Gelon.

Des balades aux randonnées, il me fallut faire un choix parmi les innombrables possibilités. J'ai procédé en fonction de mes goûts personnels et des aspirations du marcheur. J'ai voulu privilégier tout ce qui fait l'attrait d'un site dans son immense diversité, que ce soit par la beauté de ses paysages ou par son relief, sa géologie, sa faune, sa flore…

J'ai choisi des circuits forestiers tel le sentier botanique du Bourget-du-Lac, des circuits sur les berges lacustres telles les rives du lac de Sainte-Hélène, et des incursions dans le marais de Lavours ou les vignes de Chignin. Sans éviter les sites où courent des légendes à donner le frisson…

Bien sûr, j'ai voulu des parcours sur les alpages d'altitude. Le col du Haut du Four et celui de Bovinant en sont deux exemples. D'autres se dirigent vers des cimes plus minérales. La dent d'Arclusaz possède un caractère de haute montagne. J'ai privilégié les belvédères. Le panorama que l'on découvre depuis la Galoppaz vaut à lui seul la grimpée.

Je n'ai pas hésité à proposer une promenade citadine dans les ruelles du vieux Chambéry. C'est une manière d'aborder le riche passé de la cité. Le choix se veut encore archéologique, telles les peintures rupestres du Peney ou les chapelles du mont Saint-Michel. Car l'aspect historique n'est pas oublié. En suivant les anciennes voies de passage sur la

Effet de givre sur le plateau de la Féclaz.

Vieilles maisons dans le Chevelu.

chaîne de l'Épine. En recherchant les traces des personnages qui ont marqué le pays. Sur les pas d'un député qui avait posé ses pénates dans une grotte. Dans les contemplations de Lamartine sur les rives du fameux lac ; dans les rêveries d'un promeneur solitaire en route vers les Charmettes…

Bref, ce choix s'est voulu varié et insolite. Chemins à charrois, pistes égarées, raidillons à l'assaut des pentes ou sentes fugaces à travers prés et bois, ce sont des vagabondages qui fleurent bon le tussilage, la pervenche et la gentiane jaune. Autant de sentiers qui sillonnent la cluse, se hissent dans les versants et chevauchent les crêtes. Autant de manières d'évasion à la brise des vents. Des rendez-vous intimes et intimistes dans une nature à la fois sauvage et façonnée par l'homme. C'est une façon de goûter aux levers de soleil et aux après-midi finissantes, de flâner au revers des roches et dans la fraîcheur des sous-bois.

Peut-être serait-ce la façon de Jean-Jacques ?

Jean-Marie Jeudy

Sommaire

Autour de Chambéry et du lac du Bourget

Vers les Bauges

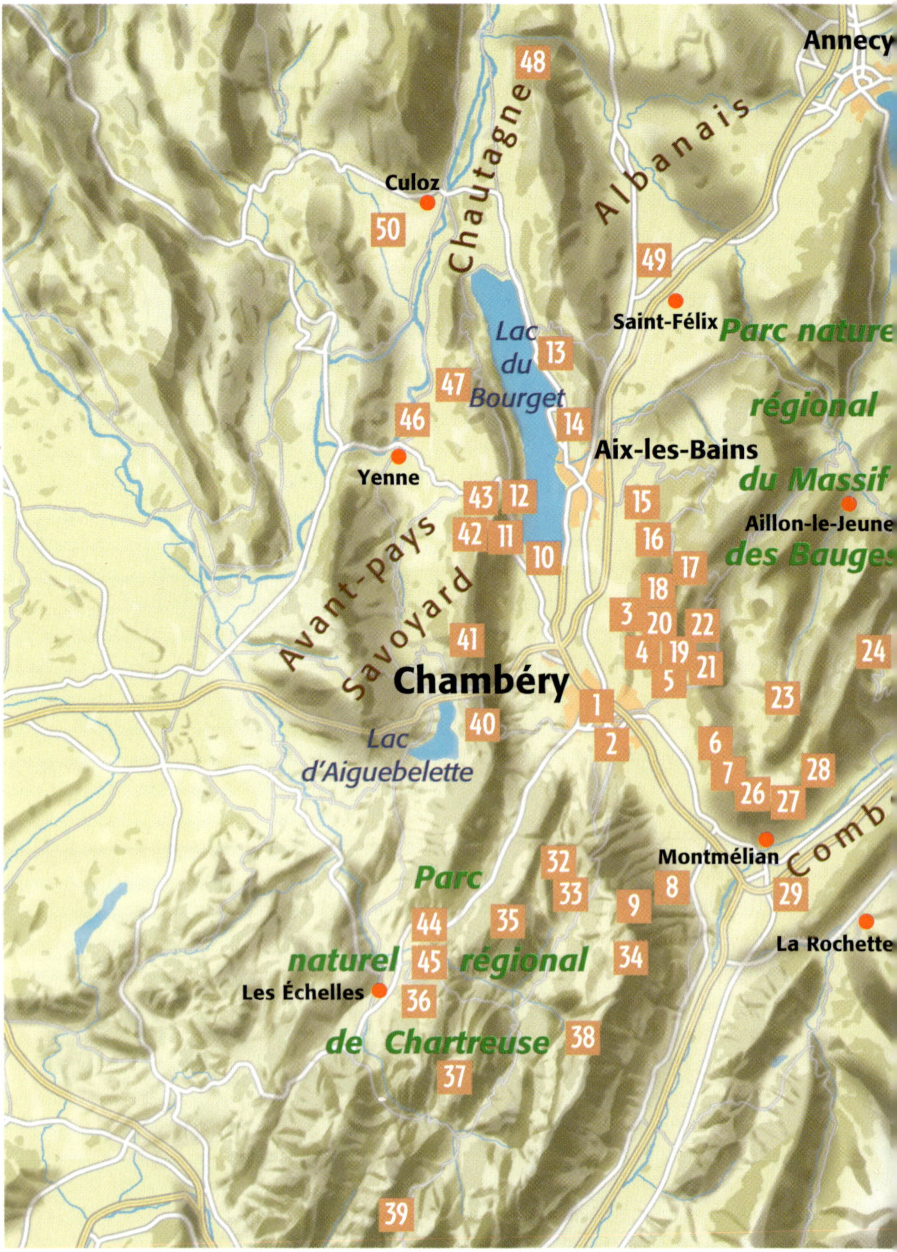
Annecy
Chautagne
Albanais
Culoz
Saint-Félix
Parc naturel régional du Massif des Bauges
Lac du Bourget
Aix-les-Bains
Yenne
Aillon-le-Jeune
Avant-pays Savoyard
Chambéry
Lac d'Aiguebelette
Montmélian
Comb
La Rochette
Parc naturel régional de Chartreuse
Les Échelles
1
2
3
4
5
6
7
8
9
10
11
12
13
14
15
16
17
18
19
20
21
22
23
24
26
27
28
29
32
33
34
35
36
37
38
39
40
41
42
43
44
45
46
47
48
49
50

Lac
d'Annecy
30
Albertville
de Savoie
Chamoux-sur-Gelon
31

La carte

XX m	XX m	XX m	X h XX	X h XX	XX
Altitude du parking, point de départ	point culminant de l'itinéraire	dénivelée	temps de montée	temps de descente	balisage (oui/non)

itinéraire de la balade

point jalon permettant un repérage immédiat sur la carte à partir du descriptif (et vice-versa)

route, piste carrossable

chemin, sentier…

cours d'eau

variante de la balade

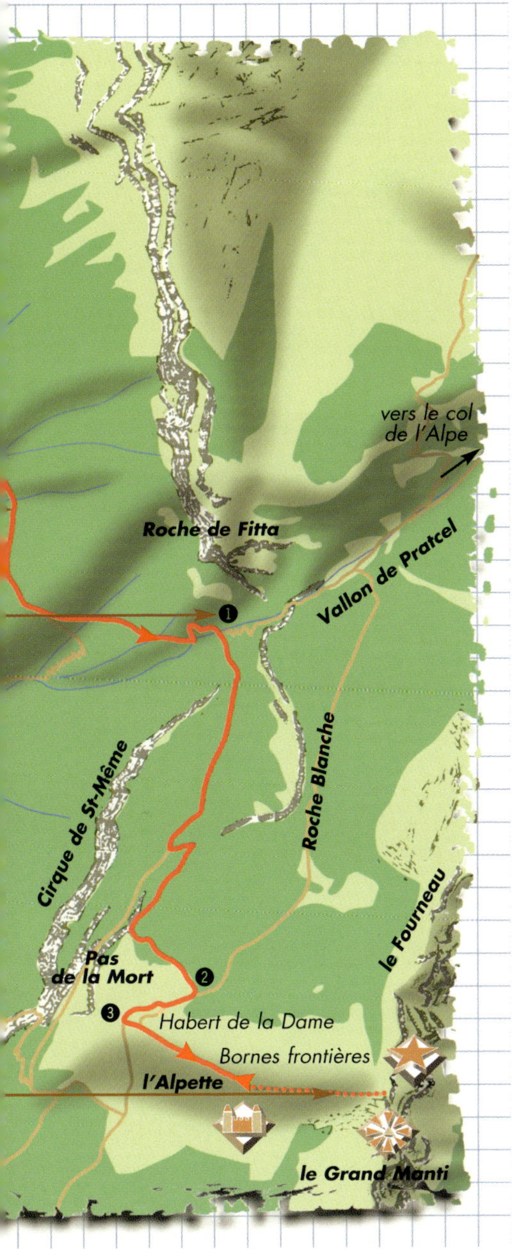

Les pictos

- parking, point de départ de la balade
- but de la balade
- coin pique-nique (aménagé ou non)
- curiosité
- point de vue
- patrimoine religieux (église, chapelle, oratoire…)
- curiosité historique (fort, château…)
- villages remarquables
- grottes
- cascades

Marcher en toute sécurité

Pour arpenter un sentier, surtout quand il est montagnard, la prudence est de rigueur. Le bonheur de marcher n'exclut pas le respect de quelques règles de sécurité. Des règles élémentaires qu'il faut connaître.
En montagne, la difficulté d'un sentier est changeante. Elle peut varier en fonction de la saison, de la météo, de l'altitude... voire de la présence de la neige. Et il faut encore tenir compte de sa condition physique et de la connaissance que l'on possède du milieu montagnard.
Avant de partir, il importe de connaître les prévisions météorologiques,

Montmélian vu des bords de l'Isère.

en sachant qu'en montagne, le temps peut changer rapidement. En peu de temps, le soleil et la chaleur s'évanouissent pour laisser la place au froid ou aux nuages. Un brouillard épais peut soudainement envahir un col. Durant les chaleurs d'été, l'orage survient sans crier gare.

Au fond du sac à dos, il faut garder en permanence un pull de laine, un imperméable léger ou un poncho, un bonnet et une paire de moufles. Pour se protéger du soleil, le chapeau, les lunettes de soleil et la crème solaire sont indispensables. Les coups de soleil sont fréquents, même par temps voilé. À ce propos, il faut éviter de partir tard. La chaleur est pénible à la montée et la montagne appartient à ceux qui se lèvent tôt.

Le choix des chaussures est primordial. Elles doivent bien cramponner. Il faut privilégier celles à tige montante qui tiennent parfaitement la cheville.

Une entorse est vite arrivée. Certains sentiers traversent des versants raides ou des éboulis instables, ils passent au dessus de barres rocheuses.

Une chute malencontreuse... et c'est la glissade dans la pente.

Certains itinéraires sont enneigés jusqu'en été. Se méfier des névés en neige dure et ne s'y aventurer qu'avec prudence. Sur les névés inclinés, le piolet de marche s'avère d'une précieuse utilité, à condition de savoir s'en servir. Évitez les ponts de neige qui subsistent au-dessus des ruisseaux. Ils peuvent s'effondrer sous votre propre poids. Dans les lacets se hissant sur des pentes raides, veillez aux éventuelles chutes de pierres provoquées par d'autres randonneurs au-dessus de vous.

Et n'en provoquez pas vous-même.

En cas d'orage, évitez de chercher

refuge en des lieux attirant la foudre, sous un arbre isolé ou sous un surplomb rocheux.
Avant de partir, prévenez de votre itinéraire et n'en changez pas en cours de route, sauf en cas de nécessité absolue. Ne partez jamais seul. N'allez pas au-delà de vos moyens et sachez faire demi-tour. N'oubliez pas qu'il est plus difficile et plus dangereux de descendre que de monter.
Les parcours décrits dans ce guide ne nécessitent pas l'usage de la corde. Toutefois, pour ceux présentant un caractère alpin prononcé, on peut avoir dans le sac quinze mètres de cordelette destinée à rassurer les personnes effrayées dans un passage exposé. Auquel cas il est indispensable de se renseigner sur le choix de cette corde et sur les rudiments de son utilisation.
En cas d'accident, l'alerte peut être lancée d'un refuge, d'un gîte d'étape ou d'une hôtellerie. Et aujourd'hui à l'aide du portable (à condition de l'utiliser pour des raisons valables). Dans la mesure du possible, laissez quelqu'un auprès du blessé. En toutes circonstances, sachez conserver votre sang-froid.
N'oubliez pas que la nature est fragile et que l'homme ne peut vivre heureux sans un environnement naturel. Cueillez les fleurs avec les yeux et observez les animaux sauvages sans les déranger. Leur tranquillité est le gage de leur équilibre. De même, le travail des paysans de la montagne mérite votre respect. Ne piétinez pas les pâtures. Ne détériorez pas les barrières. Gardez votre chien en laisse. Ce sont autant de conseils pour vous faciliter la pratique de la randonnée et vous faire apprécier le vrai bonheur de marcher…

Comment randonner avec un enfant ?

Marcher avec un enfant implique quelques règles et quelques recommandations. On ne randonne pas avec un enfant comme avec un adulte. Il convient de choisir un itinéraire en fonction de son âge.
Dès trois ou quatre ans, un enfant peut effectuer de courtes balades d'une heure. S'il est fatigué en cours de chemin, on le portera plus aisément à l'aide d'une claie. Vers six ou sept ans, il va faire preuve de beaucoup d'énergie. On peut l'emmener sur des parcours plus longs sans pour autant l'embarquer sur une galère qui ne ferait que le dégoûter.
Tout en marchant, sachez le maintenir à courte distance de vous. Ne le perdez jamais de vue. Ne le laissez pas s'éloigner au devant. Un danger peut survenir : les berges d'une rivière, la bordure d'une falaise… Peut-être le loup, mais c'est moins sûr !

Pose au-dessus du ruisseau.

Protégez-le du soleil avec un chapeau ou une casquette à grande visière. Ne le laissez pas aller torse nu. N'oubliez pas les lunettes : ses yeux sont plus fragiles que les vôtres. Abusez de la crème solaire. Il existe des produits en bombe très pratiques. Contre le froid, prévoyez des vêtements adaptés en veillant aux mains et aux pieds. Privilégiez les moufles plutôt que les gants. À l'intérieur des moufles, les doigts sont réunis et moins vulnérables. Conservez des vêtements de rechange au fond du sac, ils seront utiles s'il a transpiré. Attention, si vous le portez dans une claie, sachez qu'il va demeurer immobile et risquer de se refroidir. On a vu des accidents. Pensez à le faire boire régulièrement. N'oubliez pas d'emporter le goûter. Et quel bonheur de dévorer un sandwich assis sur un rocher !

L'essentiel du plaisir de la marche tient dans la motivation. Pour motiver un enfant, il faut l'associer dans le choix de la sortie, lui en évoquer les différents attraits, lui trouver une activité ludique en cours de chemin. Il faut lui proposer un but. Par exemple aller voir un troupeau de vaches sur un alpage, ramasser des pommes de pin ou des châtaignes, courir après les libellules et les sauterelles, jeter des pierres dans le torrent ou observer les animaux sauvages… N'oubliez pas une paire de jumelles légères et peu encombrantes. Un truc consiste à se munir d'un petit livre, un guide pratique sur la faune, les fleurs ou les arbres. Devant une fleur, arrêtez-vous et sortez le livre pour en connaître le nom. Et autant pour un papillon. Faites-lui écouter les chants des oiseaux en essayant de les identifier. En hiver, emmenez-le sur les traces des animaux.

Rencontre sur le bord du chemin.

Faites appel à son imagination. L'imaginaire prend de la place chez l'enfant. Asseyez-vous sur le bord du sentier et racontez-lui une histoire se rapportant aux lieux. Les montagnes sont riches de contes et de légendes. Elles sont remplies de petits lutins, de fées et de sorcières. Si vous ne connaissez pas d'histoires, il n'est pas difficile d'en inventer… Un dernier détail, infaillible celui-là, consiste à inviter le petit copain ou la petite copine à participer à la sortie.

Dans les vignes de Chignin.

Autour de Chambéry et du lac du Bourget

alt. moyenne 270 m
0 m
1 h 30
oui
Bd. du Musée
Place
du Palais
de Justice
La Sasson
Bd. de la Colonne
Place
de la Fontaine
des Éléphants
r. J. P. Veyrat
Place de Genève
Place
de l'Hôtel
de Ville
Bd. du Théâtre
rue Trésorerie
rue Basse
du Château
r. de Boigne
musée
savoisien
cathédrale
Place
du Théâtre
Place
St-Léger
Ste-Chapelle
Château
des Ducs
de Savoie
Place
du Château
Place
Métropole
rue Croix d'Or

01 Le vieux Chambéry

Errance à l'intérieur des murs de la cité des ducs afin de mieux en connaître les mille secrets.

Temps du circuit : 1 h 30. Mais on peut y passer la journée.
Balisage : panneaux des rues.
Accès : Chambéry. Place de la Fontaine des Éléphants dans le centre-ville.

Rue Basse du Château.

De la fontaine des Éléphants, suivre le boulevard de la Colonne (platanes). Parvenu à hauteur de la statue de la Sasson, continuer dans le prolongement (boulevard du Musée). Tourner à gauche sur la place du Palais de Justice. Passer devant la statue du président Favre. Continuer tout droit (rue J-P Veyrat). Tourner à gauche (place de Genève). Passer devant les halles. Plus loin, légèrement à gauche, parvenir place de l'Hôtel-de-Ville. Prendre à droite l'étroite rue de Lans. Tourner à gauche sur la place Saint-Léger. Après 60 m, prendre à droite la rue Basse-du-Château. Visiter les allées. Puis à droite, suivre la rue Trésorerie au pied du château (sous la Sainte-Chapelle). À son extrémité, parvenir rue J-P Veyrat. Tourner à gauche et grimper les marches du portail St-Dominique. Parvenir dans la cour du château. Tourner à gauche. Là se trouve la Sainte-Chapelle. Près de celle-ci, l'esplanade domine la rue. Puis continuer et sortir du château par le porche des bâtiments de la Porterie. Descendre l'escalier (statue des frères de Maistre). Continuer tout droit dans la rue de Boigne. Place Saint-Léger, prendre à droite et visiter les allées de part et d'autre : l'allée 120-128 qui mène à l'hôtel de Saint-Laurent où vécut madame de Warens ; l'allée 110-112 où serait située la fenêtre de la chambre de Rousseau, et l'allée 61-67 (peintures en trompe-l'œil). Revenir à hauteur de la fontaine des Amours et prendre la rue Métropole. Sur la place Métropole (cathédrale), prendre à droite le passage (n° 85) qui mène rue Croix-d'Or.

Pourquoi le vieux Chambéry est-il constitué d'un tel dédale de ruelles ? Il faut savoir que la cité était coincée entre ses remparts et manquait d'espace. Elle était construite sur une zone marécageuse, il y avait intérêt à resserrer les maisons afin qu'elles fassent bloc. Ces ruelles, qu'on appelle des allées, jouent un rôle de liaison publique entre les quartiers. C'est parmi elles que bat le cœur de la ville, dans un labyrinthe d'infinies veinules qui s'entrelacent, mènent partout et nulle part, avec mille fois l'occasion de s'égarer. C'est parmi elles que se cache la part secrète de la richesse architecturale de la cité. Il faut venir s'y frotter pour admirer les clés de voûte, les portes cintrées, les fenêtres à meneaux et les loggias. Et imaginer l'époque où Rousseau allait donner des cours de solfège aux jeunes filles de la haute société. Dans une ville où les femmes sont belles et pourraient se passer de l'être. Puisqu'elles ont tout ce qui peut faire valoir la beauté et même y suppléer. C'est ce qu'a écrit Jean-Jacques.

Là, prendre à gauche et remonter la rue en visitant les cours intérieures. Parvenir au théâtre Charles-Dullin. Prendre une rue à gauche et revenir vers les Éléphants.

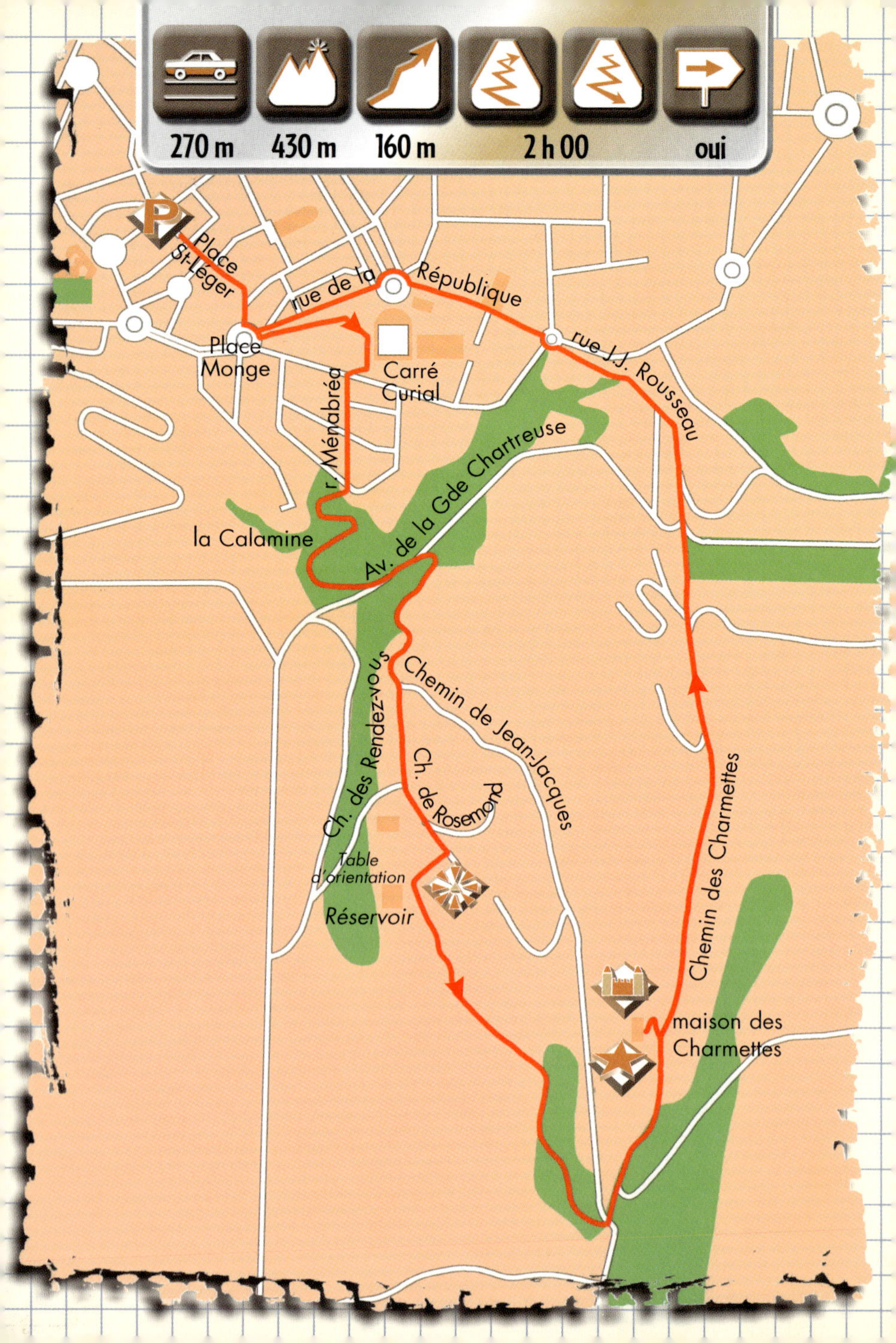
270 m
430 m
160 m
2 h 00
oui
Place St-Léger
rue de la République
Place Monge
Carré Curial
rue J.J. Rousseau
r. Ménabréa
Av. de la Gde Chartreuse
la Calamine
Chemin de Jean-Jacques
Ch. des Rendez-vous
Ch. de Rosemond
Table d'orientation
Réservoir
Chemin des Charmettes
maison des Charmettes

02 La maison des Charmettes

Havre de nature à deux pas du centre-ville, la maison des Charmettes est un haut lieu où Jean-Jacques Rousseau connut le plus doux des refuges auprès de celle qui fut sa première amante et son inspiratrice.

Difficulté : facile.
Balisage : panneaux des rues. Jaune.
Accès : Chambéry. Place Saint-Léger dans le centre-ville.

De la place Saint-Léger, aller au Carré Curial par la rue des Nonnes et celle de la République. Venir à droite du Carré pour attraper la rue Ménabréa. En haut de celle-ci (près du panneau du parc de la Calamine), prendre l'allée qui grimpe dans le parc. Elle fait plus haut un virage à gauche (près du ruisseau). Peu après, prendre un sentier à droite, puis l'allée qui revient à droite et qui traverse le ruisseau (pont). Prendre ensuite un sentier à gauche. Il longe un grillage au-delà duquel se dressent des immeubles. Prendre une allée à gauche qui rejoint la route. C'est l'avenue de la Grande-Chartreuse que l'on descend sur 100 m. Prendre à droite le chemin de Jean-Jacques (panneau). Prudence en traversant la route. Suivre ce chemin goudronné sur 100 m. Devant le portail d'une maison, prendre le chemin qui part à droite (panneau). Il s'élève parmi les arbres. À nouveau goudronné, il parvient à un carrefour. Prendre la route qui monte (chemin des Rendez-Vous). Continuer par le chemin de Rosemond. L'abandonner quand il tourne à gauche et poursuivre tout droit. Après 30 m (peu avant l'entrée d'une propriété), prendre à droite le chemin goudronné qui pénètre dans le parc. La vue se dégage sur la cluse chambérienne (table d'orientation). Passer devant un réservoir et continuer tout droit par un sentier à travers prés et bosquets. Balisage jaune. Le sentier amorce une descente, s'élargit et pénètre en sous-bois. Il arrive à une intersection de routes. Prendre la seconde route qui descend à gauche (chemin des Charmettes). Et parvenir aux Charmettes. Visite de la maison et du jardin.

Retour : reprendre la route qui descend dans le talweg boisé. Bientôt retrouver la ville. Et tout droit, revenir place Saint-Léger.

La maison des Charmettes.

Genevois calviniste en rupture de ban, Jean-Jacques Rousseau n'a pas vingt ans lorsqu'il vient à Chambéry où il va demeurer une dizaine d'années. Lorsque madame de Warens loue la maison des Charmettes, les deux y passeront tous leurs étés. Jean-Jacques se passionne pour la nature. Il se lève avec le soleil, parcourt les bois et les coteaux, va dire bonjour aux pigeons et étudie avec assiduité. Il coule des étés délicieux qui lui feront écrire : « Ici commence le court bonheur de ma vie. Ici viennent les paisibles mais rapides moments qui m'ont donné le droit de dire que j'ai vécu. » *Le site des Charmettes n'a guère changé, il peut être confronté aux descriptions qu'en fit le philosophe. Le jardin est aménagé dans l'esprit du XVIIIe siècle. On y trouve plus de quatre-vingts espèces de plantes médicinales, condimentaires et potagères.*

800 m
980 m
180 m
1 h 30
non
vers Méry
vers Sonnaz
le Malpassant
Pragondran
D 8
vers Vérel
N
0
250 m

03 Le balcon de Pragondran

Une balade à deux pas de la ville et déjà dans la montagne…

Accès : Pragondran atteint depuis Chambéry par la D 8, en passant par Bassens et Vérel. Se garer sur le parking à l'entrée du village.
Difficulté : être prudent aux abords de la falaise. Surtout si l'on est accompagné d'enfants.
Balisage : sans.

Du parking, suivre la route qui grimpe dans le village en laissant tout de suite une route qui s'élève à droite. Remarquer le style des vieilles maisons. Au-delà des dernières bâtisses, suivre la piste (goudronnée par endroit) qui s'en va à l'horizontale entre les arbres. Puis prendre un chemin caillouteux qui grimpe vers la droite. Il mène sur un collet où est planté un bois de mélèzes (le Malpassant). De ce replat, tirer dans les prés vers la gauche et grimper en direction de la ligne de crête. Parvenir en bordure de la falaise qui domine le site du lac du Bourget. Prudence. On est à l'aplomb des communes de Sonnaz et de Méry. Le belvédère est magnifique. Suivre à main gauche (sud) le sentier qui court en bordure de la falaise. Il passe près d'une aire d'envol pour parapentes, puis il descend vers la gauche et retrouve le village de Pragondran.

Vieilles maisons à Pragondran.

En contrebas du Nivolet, le balcon de Pragondran regarde la cluse de Chambéry. Il y fleurit la sauge, la gentiane jaune, la digitale et le lys martagon avec une large vision sur le mont du Chat, le mont Granier et le massif de Belledonne. Au début du XIXe siècle, les gens de Vérel et de Pragondran vivaient en marge de la cité chambérienne. Le relief mouvementé du site et l'état déplorable des chemins leur imposaient un certain isolement. Toutes les maisons étaient couvertes de toits de chaume. On cultivait un peu de froment, beaucoup de foin et quelques pieds de vigne. Cet isolement persistait encore à la veille de la Seconde Guerre mondiale. Aujourd'hui, la vie agricole a presque disparu. Des villas ont été construites. Elles profitent de l'excellent ensoleillement. Les vieilles bâtisses ont conservé leur personnalité, avec de grands balcons et des toits fortement charpentés.

800 m
960 m
160 m
0 h 45
0 h 45
oui
Pragondran
D 8
1
BOIS
DU MONTBASIN
Nivolet
Vérel
Montbasin
N
0
250 m

04 Le pâturage de Montbasin

La balade peut s'effectuer toute l'année. Même en hiver quand le Nivolet est pris par les neiges.

Accès : Pragondran atteint depuis Chambéry par la D 8, en passant par Bassens et Vérel. Se garer sur le parking à l'entrée du village.
Difficulté : si l'on s'approche un peu trop du bord de la falaise, il faut savoir qu'elle est masquée par la végétation arbustive. Prudence surtout avec des enfants.
Balisage : jaune-rouge dans la première partie (c'est l'itinéraire vers le Nivolet).

Entrer dans le village et 60 m plus loin, après un bassin, prendre la route qui monte à droite. Passer devant un four à pain et devant l'ancienne école. Vers le sommet du village, prendre la route horizontale qui part à droite (panneau : Nivolet). Cette route longe quelques maisons. Elle devient un chemin qui pénètre en sous-bois. Ce chemin s'élève à travers prés et bois. Puis en sous-bois, il tire vers la droite. Parvenir à une intersection ❶. Laisser à gauche le sentier qui se hisse vers le Nivolet (panneau) et conserver le chemin qui va faire une boucle vers la gauche et qui débouche rapidement sur les prés de Montbasin. Franchir une ligne de barbelés (il existe un passage). Suivre le chemin herbeux qui s'en va dans les prés et prend une direction sud (en longeant d'abord le bois). La vue sur la cluse chambérienne va se dégager et prendre de l'ampleur. Ce chemin est plus ou moins horizontal. Puis il amorce une descente. Il fait deux virages et parvient aux ruines de Montbasin qui se perdent parmi les arbres.
Retour : par le même itinéraire.
À noter : il existe un passage aménagé dans la falaise. Il est fortement déconseillé si l'on craint le vide.

L'alpage de Montbasin se situe à l'aplomb de la dent du Nivolet. On lève le nez en l'air, la croix se dresse là-haut et semble tellement proche. Les lieux se résument à des prés perchés sur un replat au-dessus d'une falaise verticale. Quelques maisons en ruines se noient peu à peu dans la végétation. Alentour, la forêt ne cesse de grignoter. Si près de l'agitation urbaine, le site se révèle d'un caractère à la fois bucolique et sauvage. On devine qu'il y avait de la vie autrefois en ces lieux. On s'y trouve bien. On attrape l'envie de se coucher dans l'herbe. La vue est panoramique sur la cité chambérienne et sur les montagnes environnantes. Le Granier en impose. N'est-ce pas dans son tempérament d'en remontrer ?

Tout là-haut, se dresse la croix.

592 m
450 m
140 m
2 h 00
oui
MONT PENEY
Lovettaz
Ruines de la Centrale électrique
la Doria
Arboretum
St-Jean-d'Arvey
P
Château de Chaffardon
Verger Conservatoire
N
0
250 m
D 912

05 Le domaine de Chaffardon

La commune de Saint-Jean-d'Arvey a acquis ce domaine pour y aménager un espace de nature. On y découvre un arboretum, un verger conservatoire et une cascade.

Accès : prendre la D 912 qui mène à la Féclaz. Elle débute à Saint-Alban-Leysse. La suivre jusqu'à Saint-Jean-d'Arvey. Dans le village, prendre à gauche la route qui va à Lovettaz. Plus loin, prendre la route de droite (panneau : Lovettaz). Le parking se situe sur le replat après la montée et en contre-haut du château de Chaffardon.
Difficulté : facile. Prudence au-dessus du torrent.
Balisage : panneaux.

Du parking, suivre la route (direction Lovettaz) sur 250 m. Le sentier débute sur la gauche de la route (près d'un banc). Il descend dans le bois et parvient sur un replat où se trouve le thuya géant. Prendre le sentier horizontal qui part à droite (panneau : cascade). C'est l'allée d'honneur du château. Le long du sentier, on apprend le nom des arbres par un système de panneaux. Toujours en sous-bois, le sentier amorce une descente et s'engage en traversée au-dessus de la gorge où s'écoule la Doria. Attention au vide. Par un passage escarpé (palissades), il parvient face à la cascade.
Retour : revenir en arrière sur 20 m et prendre le sentier équipé d'un câble qui part à droite (panneau : centrale électrique). Il s'en va au-dessus de la gorge et parvient aux ruines de la centrale. Puis il poursuit le long de la Doria. Après 200 m, prendre un sentier à gauche (panneau : retour au parking) qui s'élève en lacets en sous-bois. Il rejoint un sentier que l'on prend à main droite. Ce sentier horizontal parvient à une intersection. Prendre le sentier de droite (panneau : retour par le verger conservatoire). Aboutir au verger. Prendre à gauche (panneau) et grimper le long du verger en restant plus ou moins à proximité de la lisière du bois. Parvenir sur un replat avec des tables de pique-nique. Retrouver (à gauche) le thuya géant et le sentier qui ramène à la route.

L'arboretum se développe le long de l'allée d'honneur du château de Chaffardon. On y voit des arbres provenant des quatre coins du monde. Ainsi le pin noir d'Autriche, le cèdre de l'Atlas, le tulipier de Virginie et le robinier ou faux acacia dont le premier exemplaire fut replanté en France par un certain Robin. Et un gigantesque thuya d'Amérique du Nord. Sans oublier le verger où sont conservées de vieilles espèces d'arbres fruitiers, des variétés propres à la Savoie qui allaient disparaître. Le torrent de la Doria a créé sur son parcours une succession de chutes et de marmites de géants, vasques rocheuses creusées par l'eau où les truites aiment venir se réfugier. Et une cascade de 40 m de hauteur. En 1921, une centrale hydroélectrique fut aménagée en contrebas du domaine. Le courant fabriqué alimentait les communes environnantes. Cette production fut stoppée en 1934 en raison des feuilles mortes qui obstruaient régulièrement la conduite au niveau du captage.

Impressions d'automne.

820 m
895 m
80 m
0 h 30
0 h 45
oui
vers Chambéry
Curienne
D 11
le Grand Joueret
Col du Joueret
Grotte des Fées
Montmerlet
Mont St-Michel
Ruines de l'ancienne chapelle
N
vers la Boisserette
0
250 m

06 Le mont Saint-Michel

C'est à l'aplomb au-dessus de Challes-les-Eaux. On y vient pour admirer les évolutions des planeurs et contempler le panorama sur le bassin chambérien.

Accès : de Chambéry, se rendre à Curienne par la D 11. À Curienne, traverser le bourg pour aller prendre (à droite) une petite route qui mène à Montmerlet. Ne pas pénétrer dans le hameau, mais se garer sur le parking à l'entrée de celui-ci.
Difficulté : facile.
Balisage : panneaux.

La Savoie possède son mont Saint-Michel. Le site fut fréquenté par les premiers hommes. On a trouvé leurs traces dans la grotte des Fées, un trou sans prétention qui se cache dans le versant dominant Challes. La chapelle a été construite en 1879 par les habitants de Curienne. Elle a succédé à une chapelle romane dont subsistent les ruines et qui aurait été édifiée par les religieux de l'ancien prieuré de Saint-Jeoire. Sur le sentier menant au col du Joueret, on peut contempler une bosse herbeuse qui n'a rien d'exceptionnel au premier coup d'œil. C'est le Grand Joueret (812 m). À bien le regarder, on constate qu'il possède une forme elliptique presque parfaite. Il s'agirait d'une motte castrale, c'est-à-dire l'emplacement d'un habitat remontant au IXe siècle. La butte aurait été arasée par l'homme, puis entourée d'une palissade de bois. On distingue un tertre sur lequel devait s'élever un donjon de bois dominant la vallée. Il était utilisé pour faire le guet et loger le petit seigneur des lieux. Des cabanes paysannes étaient bâties alentour.

Ruines de l'ancienne chapelle.

Du parking, suivre la route goudronnée qui entre dans le hameau. Parvenir sur une petite place pentue. Prendre le chemin qui part à droite. Il s'élève vers la butte où est installée la chapelle. À un certain moment, laisser à droite un sentier qui mène au col du Joueret. Poursuivre par le même chemin. Puis laisser un chemin à gauche. Après une courte montée, parvenir aux ruines de l'ancienne chapelle. Et sur la butte où se trouve la chapelle. À noter, une table de lecture qui raconte le panorama sur une butte voisine.

Retour par la motte castrale : lorsqu'on revient du mont Saint-Michel vers Montmerlet, prendre à mi-parcours (sur la gauche) le sentier qui mène à Curienne par le col du Joueret (panneau). Ce sentier s'en va parmi les prés et les bosquets. Après une courte descente et quelques virages, avant d'atteindre le replat que constitue le col, on peut voir la motte castrale. Elle se dresse de l'autre côté du col. Un panneau en fait la description. On peut grimper sur sa cime. Pour retourner à Montmerlet, revenir par le même itinéraire et rapidement trouver un chemin à gauche (panneau). Il ramène à la route, exactement entre le parking et le hameau.

390 m
525 m
135 m
1 h 15
oui
D 21E
Mont Ronjou
Montlevin
le Viviers
le Villard
Église
Tours de Chignin
Clos St-Anthelme
Chignin (chef-lieu)
0
250 m
N
1
2
3
4
P

07 Les vignes de Chignin

Les vignes et les tours.

Les vignes grimpent dans les pentes et les tours gardent leurs secrets.

Accès : sur la N 6, entre Saint-Jeoire-Prieuré et la gare de Chignin, prendre à gauche la D 21E qui mène au chef-lieu de Chignin. Plus haut, à une intersection et face à un calvaire, prendre à gauche et poursuivre jusqu'à l'église. Se garer sur le parking situé à gauche et le long du mur de l'église.
Difficulté : facile.
Balisage : quelques panneaux.

SYMPA

Visiter les caves et goûter le fameux bergeron. Avec modération.

Il est des mystères rattachés à des lieux ou des constructions qui traversent les siècles et demeurent des mystères. Tel est le cas des tours de Chignin. À quelle date furent-elles bâties ? Quel fut leur rôle ? Ces constructions sont éloignées les unes des autres. Leur périmètre représente un territoire de quatre hectares. Une hypothèse veut qu'elles aient été reliées entre elles par un mur d'enceinte. Gabriel Pérouse y voyait un camp retranché du xe siècle. Il en déduisait qu'elles servaient de protection contre les invasions sarrasines. Lorsque les envahisseurs déferlaient, les gens de la région venaient se réfugier à l'intérieur de l'enceinte. L'abbé Bernard plaçait leur origine au IVe siècle. Il y voyait une ville-forte, entourée de murailles et flanquée de tours, destinée à protéger la Sapaudia, nouvelle région militaire apparue dans les textes vers 355. À partir du XIe siècle, ces tours appartinrent aux seigneurs de Chignin. Puis elles passèrent de mains en mains. Autour d'elles, le vignoble aligne ses treilles avec amour.

Sur la D 21E (panneau : Curienne), longer le presbytère jouxtant l'église. Puis laisser la D 21E qui tourne à gauche et continuer tout droit. Après 100 m, laisser à droite une route menant au chef-lieu et, 20 m plus loin, prendre une route à droite. Elle parvient au Viviers ❶. Traverser le hameau et trouver une route qui part à gauche au pied du versant. Parvenir à Mont-Levin ❷. Entrer dans le hameau et retrouver la D 21E. En gardant la même direction, la suivre sur 20 m et prendre une route à gauche entre les maisons. Elle devient un chemin. Celui-ci traverse les prés et s'élève dans la pente du mont Ronjou en tirant à droite et en laissant un autre chemin qui part à gauche. Il fait une épingle et revient vers la gauche. Parvenir sur les hauteurs. La vue se dégage ; on voit les premières tours. Assez vite, trouver un chemin qui part à droite et mène sur le sommet du mont Ronjou ❸. Puis revenir à l'intersection. Prendre le chemin qui débute en face et descend longer une vigne. Garder ce chemin qui mène au Villard ❹ au pied des tours. Dans ce hameau, retrouver une route. La suivre. Parvenir à une intersection face à un pressoir. Prendre la route à droite. Après 80 m, prendre une route à gauche (entre un four et un crucifix). Elle devient un chemin qui va tout droit. Parvenir à une statue (N.-D. des Champs et des Vignes). Retrouver une route. Laisser à droite la direction du Clos Saint-Anthelme (tour crénelée), prendre à gauche et revenir à l'église.

290 m
290 m
0 m
1 h 00
oui
vers Myans
vers les Marches
D 22
D 12
D 90
Croix de St-André
Lac de St-André
St-André
P
0
250 m
N

08 Le lac de Saint-André

Le lac s'inonde de soleil au pied du mont Granier. Un sentier en effectue le tour complet.

Accès : plusieurs routes mènent au lac de Saint-André. On peut s'y rendre par Myans, par Apremont ou les Marches. Se garer sur le parking à proximité du café (le Cabanon).
Difficulté : très facile. Les pontons sont glissants par temps humide.
Balisage : jaune.

Le lac et le Granier.

On peut effectuer le tour du lac dans le sens des aiguilles d'une montre ou dans le sens contraire qui est celui proposé ici.
Mais l'itinéraire est évident. Du parking, prendre la petite route qui passe devant le bar et tout de suite prendre le sentier qui débute à sa gauche. Ce dernier va faire le tour du lac en passant devant la succession des pontons. Des panonceaux racontent les plantes et les animaux que l'on peut y rencontrer.
Aux trois quarts de l'itinéraire, juste avant de rejoindre la route, prendre le sentier qui part à gauche et terminer en suivant les berges. On passe devant la petite île.
Et l'on revient au point de départ à proximité du bar.

En novembre 1248, le Granier s'écroulait sur la vallée, sa masse colossale engloutissait la ville de Saint-André et cinq autres villages. La montagne s'était ouverte, elle avait roulé et tout enseveli sur son passage. On pense qu'elle fit plusieurs milliers de victimes. De la catastrophe, il restait ce que l'on baptisera plus tard les Abymes de Myans. Pendant des siècles, le site ne fut qu'un chaos de monticules terreux, de blocs rocheux et de petits lacs. Vers la fin du XVIIIe siècle, on y planta de la vigne. C'est le célèbre vignoble que l'on connaît aujourd'hui. Certains lacs sont toujours là, dont le lac Clair et le lac des Pères ainsi baptisé parce que les religieux de Myans venaient y pêcher pour améliorer leur ordinaire. Et celui de Saint-André qui présente la particularité d'être en eau fermée. Aucun ruisseau ne vient s'y jeter. Les légendes courent à sa surface. La tradition rapporte que la ville disparue dormirait sous ses eaux. Parfois, on entendrait le son d'une cloche. Quand l'eau clapote contre les pieux des pontons. Quand, de leur vol rapide, trois canards font le tour du propriétaire…

À noter : sur la D 22 entre Myans et le lac de Saint-André, on peut voir un bloc rocheux où est adossée une maison. C'est la Pierre Hachée. Ce bloc dépasse le millier de mètres cubes, il a parcouru plus de 5 km avant de s'arrêter lors de l'écroulement de la montagne.

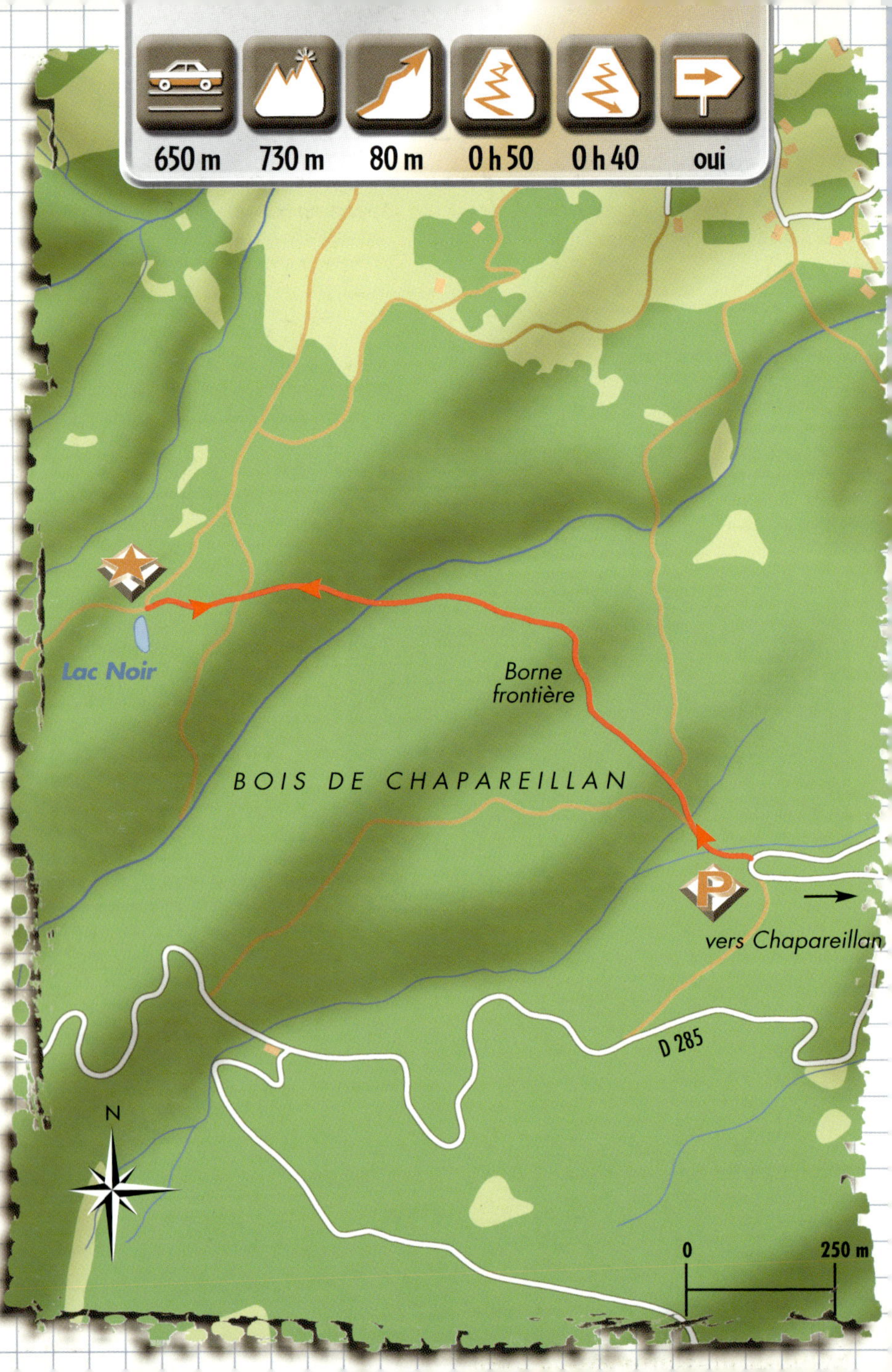
650 m
730 m
80 m
0 h 50
0 h 40
oui
Lac Noir
Borne frontière
BOIS DE CHAPAREILLAN
vers Chapareillan
D 285
N
0
250 m

09 Le lac Noir

Bien caché quelque part au pied de l'impressionnante paroi du Granier, ce lac est né de l'écroulement de la montagne en 1248.

Accès : sur la D 285 qui va de Chapareillan (Isère) au col du Granier, quand on vient de Chapareillan, après environ 5 km, le départ se situe à droite dans un virage en épingle de la route. Pour le repérer, on peut voir en bordure de la route un vieux panneau vert pâle des Eaux et Forêts. Terre-plein pour se garer. Petit pont et aire de pique-nique.
Difficulté : facile.
Balisage : jaune.

La borne frontière.

Franchir le petit pont et suivre le large chemin (panneau : lac Noir). Parvenir rapidement à une intersection. Prendre le chemin qui part à droite. Par une succession de courtes montées et de replats, il s'en va dans le bois. Il franchit quelques ruisseaux, puis passe devant la borne-frontière. On peut remarquer de gros blocs rocheux tombés lors de l'éboulement du Granier. Il parvient sur un premier replat marécageux, puis sur un second où le lac se cache parmi la végétation. On peut en effectuer le tour complet.

On s'accorde à dire que ce lac est vraiment noir. Est-ce en raison de la couleur de ses eaux ? Ou à cause des sorciers de la région qui se donnaient rendez-vous sur ses berges ? Henry Bordeaux a écrit qu'il était profond comme un puits et rond comme un œil. L'écrivain a rapporté des histoires frémissantes dans un roman oublié. Il avait perçu, depuis les rives secrètes, le bruit des pierres que l'on entend tomber dans la haute muraille. En marchant vers les eaux sombres, on passe devant une borne de pierre qui délimitait la frontière entre la Savoie et la France. Semblable à celles que l'on voit sur les hauts plateaux de la Chartreuse, elle fut placée en 1822 quand le souverain de Piémont-Sardaigne retrouva ses terres au lendemain de la chute de Napoléon 1er. Sur la face qui regarde le Dauphiné figure le lys des rois de France. Sur la face opposée est gravée la croix de Savoie.

Le lac Noir.

Altitude moyenne : 235 m
0 h 30
0 h 30
oui
Lac du Bourget
N
Plage du Bourget-du-Lac
vers le tunnel du Chat
Port de la Leysse
Île aux Cygnes
la Leysse
Passerelle
Château de Thomas II
Étang des Aigrettes
Observatoire
N 504
le Bourget-du-Lac
0
250 m
N 211
vers Chambéry

10 L'étang des Aigrettes

Les poissons mènent leur vie dans la végétation aquatique. De quoi attirer les canards, les grèbes et tous les autres... C'est près du château de Thomas II.

Accès : Le Bourget-du-Lac. Quand on arrive de Chambéry, au rond-point du Bourget, ne pas entrer dans la cité, mais poursuivre par la N 504 (qui mène au tunnel du Chat). Après environ 1 km, prendre à droite la route qui mène au lac. Se garer sur le grand parking situé devant l'entrée de la plage municipale.
Difficulté : facile.
Balisage : panneaux.

Les eaux miroitantes.

Du parking, poursuivre par la route (panneau : château de Thomas II) qui s'en va longer le port de la Leysse et qui passe devant l'entrée du camping de l'île aux Cygnes. Continuer au-delà de l'entrée du camping. Le chemin longe la rivière de la Leysse. Traverser (à gauche) la passerelle sur la rivière. Attention aux cyclistes et aux rollers. Continuer sur la piste et, 100 m plus loin, tourner à gauche. C'est un large chemin qui pénètre en sous-bois. Parvenir devant l'entrée du château de Thomas II. Pour aller à l'observatoire, 20 m avant cette entrée, prendre le sentier à droite.

Voilà un site né de la main de l'homme. Soit un territoire de sept hectares remis en eau sur l'emplacement d'anciennes roselières qui s'étaient asséchées à cause de la régulation du niveau du lac. L'étang est rapidement devenu un lieu de repos, de nourrissage et de reproduction pour les oiseaux aquatiques. Un chemin masqué permet de rejoindre un observatoire sans déranger la faune. Ne pas oublier les jumelles et savoir rester discret. Quant au château, il fut édifié par le comte Thomas II en 1248. Ce fut un lieu de villégiature pour les princes de Savoie. Ils y venaient pour la pêche et la chasse. Ils organisaient des fêtes et des tournois. Vers la fin du XVe siècle, ils quittèrent Chambéry pour aller s'installer à Turin. Ils en oublièrent leur résidence des bords du lac. Les propriétaires se succédèrent. Puis les vieilles pierres s'évanouirent sous la végétation. Jusqu'en 1970 où des historiens s'intéressèrent aux ruines. La commune du Bourget-du-Lac se lança dans un programme de restauration.

SYMPA

Visiter les jardins du Prieuré du Bourget-du-Lac. On pense qu'ils furent dessinés par celui qui réalisa les jardins des grands palaces d'Aix-les-Bains.

630 m
650 m
négligeable
0 h 45
oui
N
LE PETIT CATON
D 42
0
250 m
vers le Relais du Chat
vers le Bourget-du-Lac

11 Le parcours botanique du Bourget

Le circuit est idéal pour apprendre les arbres aux jeunes enfants. Avec des points de vue en échappée sur le lac.

Accès : au Bourget-du-Lac, à hauteur de la mairie, prendre la D 42 qui se hisse dans le versant du mont du Chat en direction du relais. La suivre sur 5 km. Le départ se situe sur la droite en bordure de la route (avant une épingle que fait la route). Petit terre-plein et panneau indiquant le parcours.
Difficulté : facile.
Balisage : jaune.

Suivre la route qui fait un lacet vers la gauche. À la sortie du lacet, prendre le chemin à droite (panneau). Parvenir sur un replat où est aménagée une aire de jeux (balançoire et tables de pique-nique). Continuer tout droit en conservant le même chemin. Il poursuit sa montée, puis amorce une courte descente. À l'intersection, prendre à droite. 100 m plus loin, laisser l'itinéraire court qui continue en même direction et prendre à gauche (panneau : parcours long). Bientôt, le sentier amorce une descente. On aperçoit le lac à travers les arbres. Plus ou moins horizontalement, le sentier revient vers la droite. Il passe devant une source. Après une montée, il est rejoint par l'itinéraire court. Il poursuit sa traversée et retrouve l'aire de jeux. Prendre à main gauche le chemin qui ramène à la route.

Lumières d'automne.

La forêt communale du Bourget-du-Lac se compose de 80 % de feuillus et 20 % de résineux. Vous y verrez des arbres que vous connaissez et d'autres dont on parle moins. Le cornouiller sanguin tient son nom de la couleur de son écorce et le tremble tient le sien de son feuillage vibrant à la moindre brise. Vous n'aurez aucune difficulté pour repérer le blanc métallique de l'écorce du bouleau. Pas de problème non plus pour identifier le houx aux feuilles charnues d'un vert brillant. Le hêtre, baptisé fayard dans nos contrées, possède de fortes affinités avec le sapin. Les deux ont un faible pour les versants ombragés et s'accordent sur le même type de terrain. Avec l'altitude, l'épicéa remplace progressivement le sapin. Pour en citer d'autres, le fusain aux curieux fruits roses, le sorbier des oiseleurs aux baies d'un rouge corail dont raffolent les oiseaux, l'érable plane et son cousin l'érable sycomore… Outre les panonceaux indiquant leurs noms, il est conseillé de se munir d'un livre de vulgarisation sur les arbres. Histoire d'en apprendre plus !

300 m
230 m
70 m
0 h 15
0 h 20
non
Grotte
Port
Château
de Bourdeau
Mairie
École
Bourdeau
D 13
Lac du Bourget
N
vers le Bourget-du-Lac
0
250 m

12 La grotte de Lamartine

La montagne se précipite dans le lac, une route plonge jusqu'à un port minuscule au pied du château de Bourdeau, un bout de sentier mène vers un trou célèbre...

Accès : se rendre au chef-lieu de Bourdeau depuis le Bourget-du-Lac. En prenant la N 504 puis la D 13. Parking en contrebas de l'école et de la mairie.
Difficulté : on descend à l'aller, on monte au retour. Le cas est rare...
Balisage : sans.

Du parking, suivre la route (interdite à la circulation automobile) qui s'en va entre les maisons. Elle passe sur la gauche du château de Bourdeau et plonge en lacets vers une anse encadrée de grands arbres. La suivre jusqu'au petit port. Dans le dernier virage avant le port, sur la gauche de ce virage, un sentier s'en va à travers la végétation épaisse. En 50 m, il mène sur la grève où se trouve la fameuse grotte. Petit passage escarpé. Il ne reste qu'à s'asseoir sur la roche et rêver à l'époque romantique. Lorsque Lamartine s'en venait. L'endroit ne fut pas étranger à son inspiration quand il composa le poème.

C'était en octobre 1816. Les clapotements de l'eau étaient accompagnés du bruit des rames. Devant la grotte, une grève de cailloux blancs paraissait abordable. Dans le fond de l'embarcation, Lamartine était assis aux pieds de Julie. Celle qui deviendra Elvire était allongée sur le banc, un bras passé sur le bordage et qui pendait dans l'eau, l'autre appuyé sur son épaule. Alphonse et Julie se revirent à Paris et jurèrent de se retrouver l'année suivante à Aix-les-Bains. Le poète était au rendez-vous. Mais Julie n'était plus. Lamartine revint par la suite à Aix. Il fit la connaissance de Mary-Ann-Elisa Birch, une Anglaise ayant le même âge que lui. Il dut séduire la mère afin d'épouser la fille. Au-dessus du port de Bourdeau, les créneaux du château se noient dans les feuillages. Cette antique construction aurait appartenu aux comtes de Savoie. D'après Montaigne qui vint y séjourner, elle abrita une manufacture d'armes. George Sand en fit le décor d'un roman.

Le petit port de Bourdeau.

520 m
843 m
320 m
1 h 15
1 h 00
oui
Montagne
de la Biolle
vers Brison-
les-Oliviers
P
les Granges
de Brison
vers la Biolle
Nouvelle
Croix
de Brison
Ancienne
Croix
1
Lac
du Bourget
D 991
0
250 m
N

13 La croix de Meyrieu

Il existe en réalité deux croix. La plus ancienne en bois vermoulu est rongée par le temps. L'autre est métallique. C'est au-dessus du lac du Bourget.

Accès : Les Granges de Brison au-dessus de Brison-les-Oliviers. Suivre la D 991 qui va d'Aix-les-Bains vers la Chautagne par la rive orientale du lac du Bourget. À Brison-les-Oliviers, prendre à droite une route qui s'élève dans le versant. Attention, elle est étroite au-dessus de raides précipices. Rouler doucement. Se garer dans la partie haute du hameau.
Difficulté : marcheur moyen.
Balisage : panneaux.

Le chaînon calcaire de la Chambotte s'étire au nord-est du lac du Bourget. Avec des pâtures qui rétrécissent et des taillis qui gagnent du terrain. Avec une falaise dans la partie supérieure. Par endroits, le versant surplombe directement le lac. Seules la route et la voie ferrée ont pu négocier le droit de passage à son pied. Les rives bénéficient d'un climat qui donne des idées de farniente, avec des airs et des refrains de lacs italiens. Les olives mûrissent à Brison. Une route impressionnante se hisse dans le versant ; elle a été taillée à même le vertige des pentes pour parvenir sur un replat où sont installées les Granges de Brison. À partir de ce hameau, un itinéraire grimpe vers la croix de Meyrieu. Surgissant d'une végétation dense, la croix domine la baie de Grésine. Son site constitue un sacré belvédère sur le lac, sur les monts du Chat et de la Charvaz en rive opposée, sur le Jura, le Granier, la Chartreuse et le massif de Belledonne.

Poursuivre par la route qui devient un chemin. Elle fait une boucle à gauche pour revenir au-dessus du village. Puis une boucle à droite. La vue prend de l'ampleur sur le lac et sur les montagnes qui l'entourent. Le chemin pénètre dans le taillis. Il laisse à droite un chemin menant à Brison-Saint-Innocent. Puis il parvient sur un replat ❶. Prendre un sentier qui part à gauche. Il gravit un pré pentu et pénètre à nouveau dans un taillis. À l'intersection (panneau), laisser le sentier qui descend vers la Biolle (l'ancienne croix se situe à une vingtaine de mètres de l'intersection). Prendre le sentier qui se hisse à gauche. Après environ 100 m, prendre à nouveau à gauche (panneau) et parvenir à la croix de Meyrieu. Pour mieux apprécier le panorama, continuer au-delà de la croix en suivant un instant la sente qui va en ligne de crête, et parvenir sur un espace plus dégagé.
Retour : par le même itinéraire.

Les granges de Brison.

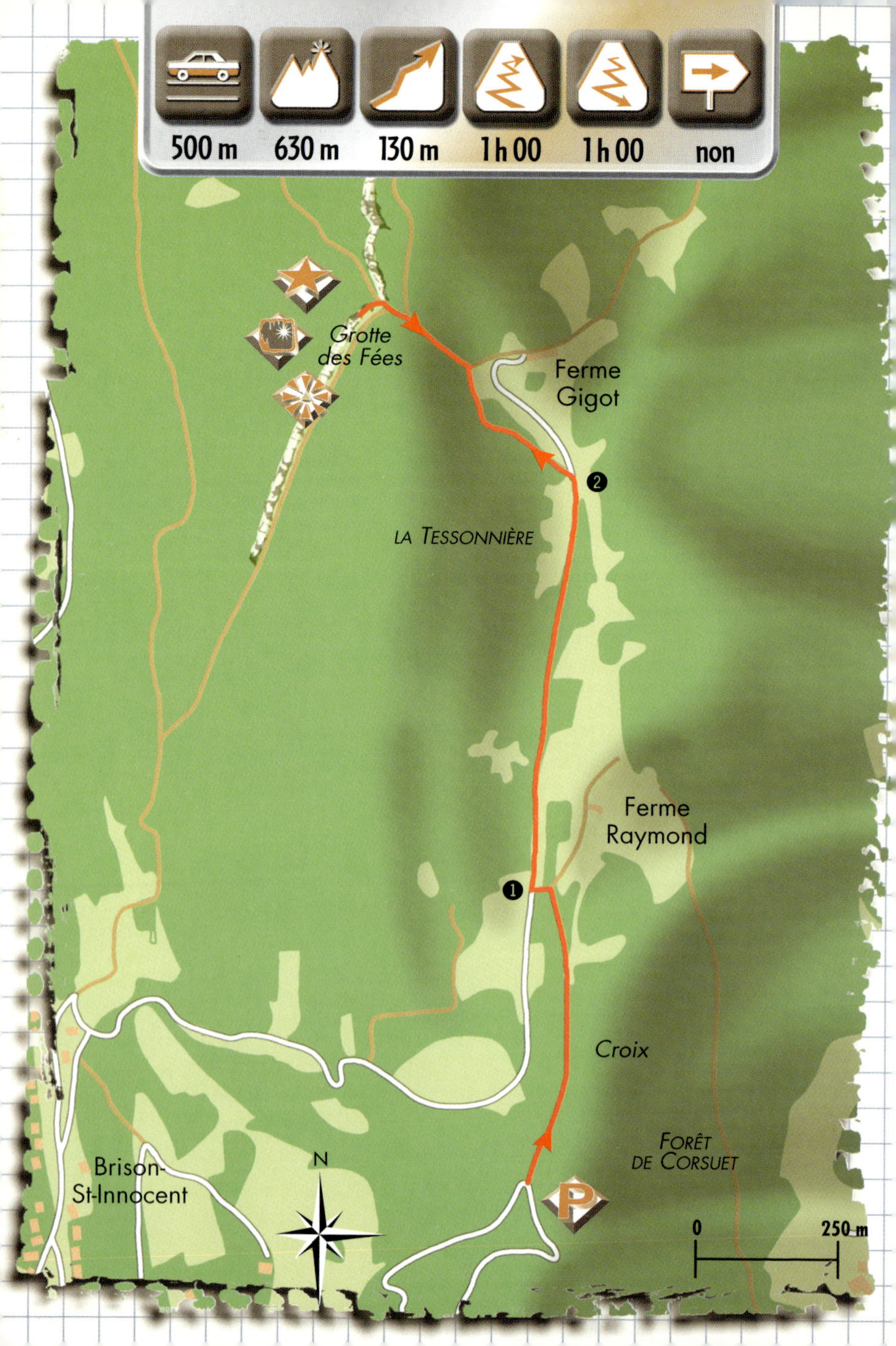

500 m
630 m
130 m
1 h 00
1 h 00
non
Grotte des Fées
Ferme Gigot
LA TESSONNIÈRE
Ferme Raymond
Croix
FORÊT DE CORSUET
Brison-St-Innocent
N
0
250 m

14 La forêt de Corsuet

La balade débute dans les sous-bois avant de prendre un peu de hauteur et d'aboutir à l'entrée d'une petite grotte où se cachent des fées.

Accès : d'Aix-les-Bains, prendre la direction du Grand Port en passant par le rond-point devant l'entrée de l'hôpital. Sur l'avenue qui mène au Grand Port, après le pont Rouge, prendre à droite. Puis la rue à gauche (chemin de Corsuet). Suivre les panneaux (forêt de Corsuet). La route s'élève et pénètre dans la nature. Elle fait une épingle à droite et passe devant quelques maisons. Prendre une route à gauche (panneau). On entre en forêt. Parvenir à un carrefour où se dresse un panneau d'informations. Prendre la route à droite (avant le panneau). Elle s'élève à travers bois et arrive à un carrefour. Prendre à droite. C'est le sens obligatoire car la route fait une boucle. La suivre jusqu'à un petit parking (tables de pique-nique) où débute le chemin des Bécasses.
Difficulté : facile. Mais il faut un certain sens de l'orientation.
Balisage : sans.

Suivre le chemin des Bécasses. C'est un sentier plus ou moins horizontal qui s'engage dans une végétation dense avec des buis géants. Il débouche dans une clairière. Puis il tire vers la droite, traverse un bosquet et rejoint un chemin que l'on prend à main gauche. Ce chemin descend et rejoint une route étroite ❶. La prendre à main droite. Elle grimpe assez raide. La suivre jusqu'à son terminus ❷, et poursuivre par le chemin qui la prolonge. Bientôt la vue se dégage un instant vers le Revard. Ce large chemin va faire un crochet à gauche. En sous-bois, il parvient à une intersection. Prendre le sentier qui poursuit en même direction (à gauche d'un banc en ciment). Après une centaine de mètres, prendre un sentier à droite. Et en 20 m, parvenir en belvédère au-dessus du lac du Bourget. Descendre les marches taillées dans le roc (balustrade métallique) et arriver à l'entrée de la grotte.
Retour : par le même itinéraire.

Dans les sous-bois de Corsuet.

Aux environs immédiats d'Aix-les-Bains, la forêt de Corsuet respire le silence et la sérénité. Elle est sillonnée par une multitude de routes tranquilles et de sentiers qui réservent des vues en échappée sur le lac. Avec en récompense une grotte où vivent des fées. Le trou est minuscule. Les fées n'ont pas d'embonpoint… À la Belle Époque, l'endroit était un but de promenade prisé par les curistes de la cité thermale. L'escalier et la rambarde pour y accéder ont été mis en place au début du XXe siècle. En 1866, le baron Despine pénétra dans l'étroite galerie sur une quarantaine de mètres pour effectuer des fouilles. Il aurait trouvé un poignard datant du chalcolitique. Si ce trou n'a rien de spectaculaire, c'est dans le panorama que l'œil sera comblé, en découvrant un grandiose point de vue sur le lac du Bourget, la baie de Grésine, l'abbaye d'Hautecombe et la dent du Chat.

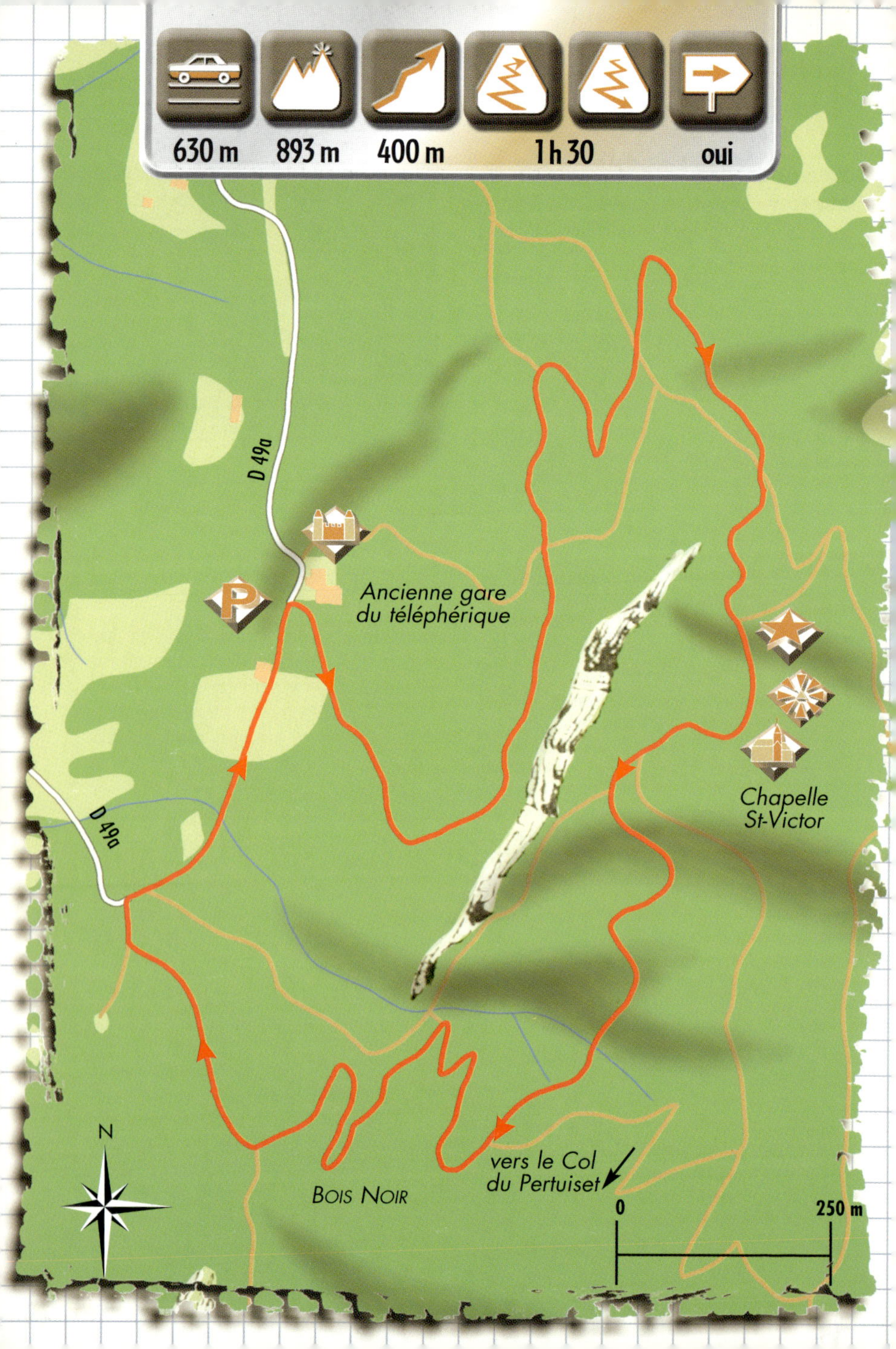

630 m
893 m
400 m
1 h 30
oui
D 49a
Ancienne gare du téléphérique
Chapelle St-Victor
D 49a
N
Bois Noir
vers le Col du Pertuiset
0
250 m

15 La chapelle Saint-Victor

Une chapelle au pied du versant abrupt du Revard et un point de vue sur la ville d'Aix et le lac du Bourget...

Accès : d'Aix-les-Bains, prendre la D 913 qui mène au Revard. La suivre jusqu'à Chatenod puis prendre à droite la D 49 vers Pugny-Chatenod. Au chef-lieu, poursuivre par la D 49a qui mène en 2 km à l'ancienne gare du téléphérique du Revard.
Difficulté : facile.
Balisage : panneaux.

La chapelle Saint-Victor.

Prendre le chemin (fermé aux véhicules par une barrière) qui débute à droite de l'ancienne gare (panneau : chapelle Saint-Victor). On va conserver un moment ce large chemin. Il s'élève vers la droite, parvient sur un replat puis s'élève à nouveau. Il fait une épingle pour revenir à gauche et passer en contrebas d'une falaise (la chapelle se trouve là-haut derrière cette falaise). La vue se dégage vers la dent du Chat. Tandis que l'on distingue la gare supérieure de l'ancien téléphérique au sommet du Revard. Le chemin va faire trois épingles et amorcer une direction vers le sud. Il passe sous une ligne électrique (pylône près du chemin). Tout de suite après celle-ci, laisser un chemin qui part à gauche et continuer en même direction. Le chemin suit une portion horizontale et passe près d'un banc. Environ 50 m plus loin, prendre à gauche.

Sur le fronton de la chapelle Saint-Victor figure la date de 1840. Mais les visites pastorales mentionnent les lieux dès l'année 1494. On a dit que l'endroit fut investi par un ermite. Des processions étaient organisées pour demander la pluie lors de grandes sécheresses. On a dit que l'eau de la fontaine possédait le pouvoir de guérir les maux de jambes. Monter jusqu'à la chapelle constitue déjà une bonne thérapie. Une première statue du saint fut apportée par un sieur dénommé Bollon. Les anciens soldats de Napoléon 1er la promenaient durant les processions. Elle fut remplacée par une seconde statue exécutée dans un atelier lyonnais. Puis par une copie réalisée par un habitant du hameau des Mentens. Quant à l'ancienne gare de départ du téléphérique, vestige d'une époque révolue, on peut lire sur son bâtiment le nom de la compagnie du P.L.M. Cette bâtisse est à présent une propriété privée. Le téléphérique avait succédé au train à crémaillère qui fit la gloire du Revard durant la grande époque de la station thermale.

Et encore à gauche un peu plus loin (panneau : chapelle à 100 m). Un sentier y grimpe...
Retour : redescendre à l'intersection (panneau), ne pas prendre à gauche la direction du Pertuiset, mais revenir à droite. Et tout de suite sur le terre-plein, prendre le chemin qui débute à gauche. Il s'en va en légère descente à flanc de versant. Bientôt, il laisse un sentier à gauche (Pertuiset). 50 m plus loin, prendre le sentier à droite (panneau : Mouxy). Celui-ci descend en lacets réguliers. Il rejoint la route. La prendre à main droite. Elle monte vers la gare du téléphérique.

Jour d'été sur le vallon d'Arclusaz.

Vers les Bauges

630 m
1420 m
800 m
2 h 15
1 h 15
oui
Ancienne gare
du téléphérique
D 49a
Chapelle
St-Victor
vers le Revard
Bois Noir
1
D 913
2 Col du Pertuiset
N
0
250 m
vers Pragondran

16 Le col du Pertuiset

C'est l'un des passages pour accéder au plateau du Revard en partant du pied de la montagne.

Accès : d'Aix, prendre la D 913 qui monte au Revard. La suivre jusqu'à Chatenod puis prendre à droite la D 49 vers Pugny-Chatenod. Au chef-lieu, poursuivre par la D 49a qui mène à l'ancienne gare du téléphérique du Revard. Passer devant la gare et poursuivre en descendant jusqu'au parking situé à gauche dans l'épingle que va faire la route.
Difficulté : bon marcheur.
Balisage : bleu (effacé).

Prendre le chemin marqué par un panneau (le Revard par le Pertuiset). D'abord large, il s'élève dans le bois. Bien suivre les marques bleues. Il devient un sentier et se hisse en lacets dans le versant boisé. Il aboutit sur une piste horizontale et reprend de l'autre côté (panneau à 30 m à gauche). Plus haut, il passe devant une table de pique-nique en ciment. Laisser à gauche la direction de la chapelle Saint-Victor. Parvenir sur un chemin que l'on prend à main droite (panneau). Avec une portion plus ou moins horizontale, puis s'élevant à nouveau, le sentier tire longuement vers la droite. À un certain moment, il laisse un sentier à droite qui s'en va vers Pragondran ❶. Et il vient à l'aplomb de la faille que constitue le col du Pertuiset. Il se hisse en contrebas de la falaise. En lacets dans des pentes raides, il se faufile en suivant les vires et les escarpements pour franchir le passage étroit menant sur le col. Il sort sur le plateau supérieur en réservant un beau belvédère sur la vallée, sur Aix et le lac du Bourget. Il franchit ainsi le col du Pertuiset ❷. Poursuivre par une piste à travers bois et parvenir dans de vastes clairières. Si l'on continue, on rejoint rapidement la D 913.
Retour : par le même itinéraire. Ou prévoir un véhicule là-haut.
En faire plus : poursuivre vers la cime du Revard, en suivant des sentiers, puis la D 913.

La grande gentiane jaune.

L'idée de la création du CAF (Club alpin français) a vu le jour à Aix-les-Bains. C'est en effet en juillet 1870 que des alpinistes, réunis au Grand Cercle (l'actuel Casino), déposent le schéma d'une association nationale d'alpinistes, à l'exemple de l'Alpine Club britannique créé en 1858. Lorsque la station thermale connaît son apogée, la municipalité aixoise lorgne vers le plateau du Revard où il n'existe encore aucune route d'accès. Ainsi sera construit un train à crémaillère. Auparavant, la jeune section aixoise du Club alpin prend une première initiative en établissant un chalet-refuge sur le plateau. Elle trace et aménage un sentier pour y accéder par le col du Pertuiset, passage permettant de franchir la falaise quelque part entre la cime du Revard et celle du Nivolet. Ce sentier existe toujours. C'est un exemple du genre. Les murets de soutènement n'ont pas bougé.

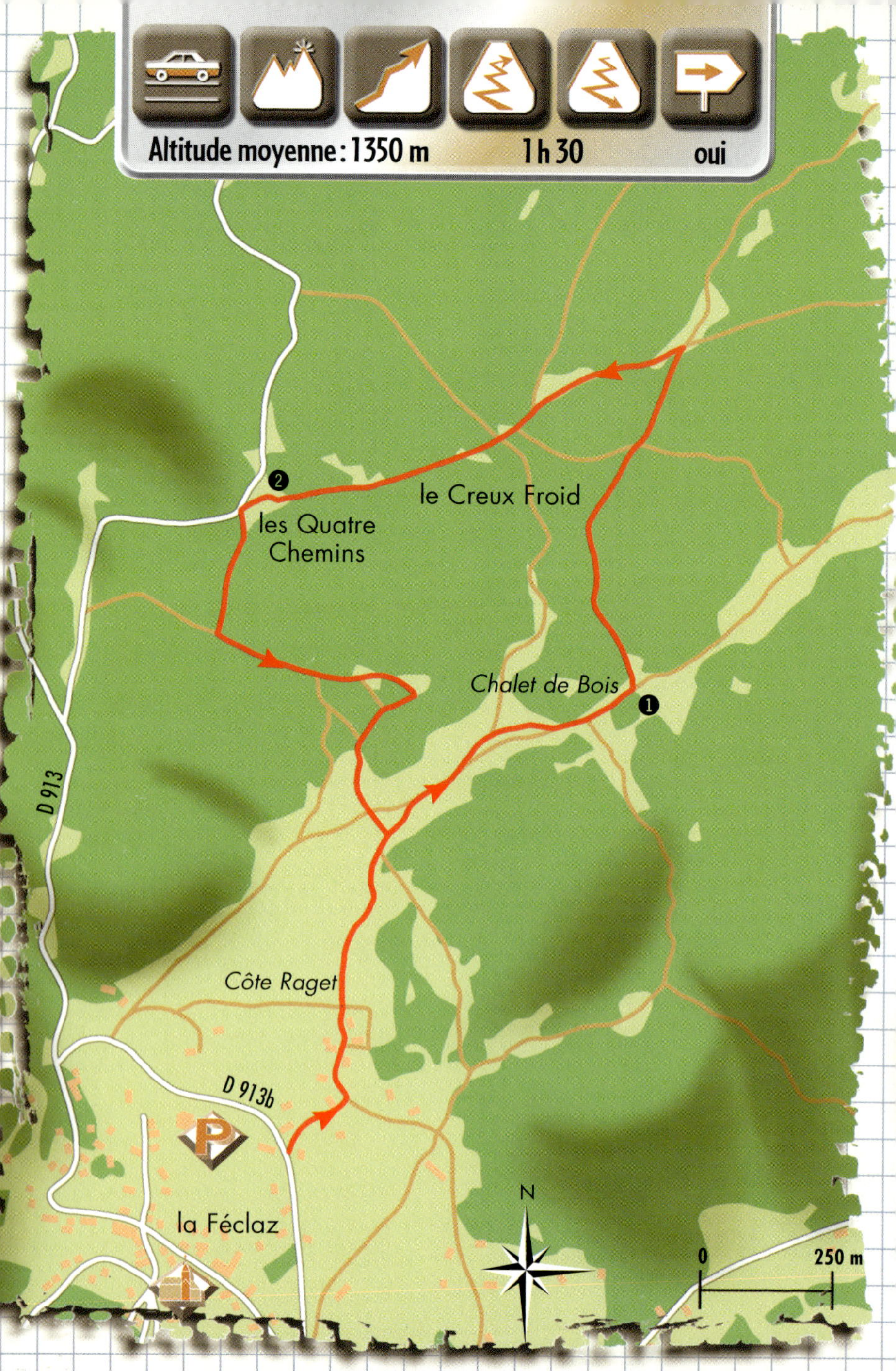

Altitude moyenne : 1350 m
1 h 30
oui
le Creux Froid
les Quatre Chemins
Chalet de Bois
D 913
Côte Raget
D 913b
la Féclaz
N
0
250 m

17 Le sentier-découverte de la Féclaz

La balade peut s'effectuer en été ou en hiver, à pied ou à skis de fond, puisque le circuit emprunte la piste verte du domaine nordique. Des panneaux expliquent la vie secrète de la forêt et de ses hôtes.

Accès : de Chambéry, aller à la Féclaz par la D 912, puis par la D 913. En arrivant, avant la chapelle de Notre-Dame des Neiges (située à gauche de la route), prendre la route qui part à droite. Après une ligne droite d'environ 300 m, se garer sur le parking à gauche et en bordure de la route, juste avant le bar « La Grolla ».
Difficulté : facile.
Balisage : panneaux.

Prendre la petite route qui débute à droite du bar « La Grolla ». La suivre jusqu'à son extrémité où elle forme une placette. Continuer par la piste qui la prolonge. Elle fait une légère montée puis amorce une portion plate. À Lachat (panneau), laisser à gauche l'itinéraire du Creux Froid et conserver la piste. Voir bientôt le premier panneau (il se rapporte au pic noir). Parvenir à un chalet de bois au lieu-dit « Teppe de Lachat » ❶. Environ 50 m plus loin, prendre une large piste à gauche. La forêt devient plus présente. Les panneaux illustrés se succèdent. Après celui consacré au sorbier des oiseleurs, au lieu-dit « le Creux Froid », laisser à droite un chemin et aussi un sentier qui mène au Revard.

Le domaine de la Féclaz en hiver.

Poursuivre par la piste. Parvenir aux « Quatre Chemins » ❷ où l'on rejoint une route forestière. Ne pas la suivre, mais prendre tout de suite la piste à gauche (panneau : la Féclaz par la Cha). Celle-là amorce une longue descente douce, puis fait une boucle vers la droite. Elle quitte la forêt et retrouve les herbages. On voit les premières maisons de la Féclaz et le massif de Belledonne au loin. Tirer à gauche pour retrouver la piste et la route suivies à l'aller.

Le renard perd sa légendaire prudence lorsqu'il est amoureux. L'écureuil est prévoyant, mais il oublie l'emplacement des caches où il entrepose ses réserves pour l'hiver. Le bois de l'érable sycomore sert à la fabrication de l'argenterie des Bauges, terme plus ou moins ironique pour désigner les objets en bois que tournent les artisans du massif. Le hêtre peut atteindre une hauteur de trente mètres et vivre jusqu'à trois cents ans. Le sanglier se roule dans la boue et fouille le sol avec son nez. Le chevreuil est un fin gourmet. Il aurait une nette préférence dans son alimentation pour les jeunes pousses et les tendres bourgeons. Le sapin de Noël est le plus souvent un épicéa. Le martèlement sonore que vous entendez dans la forêt, c'est celui du pic noir qui tape de son bec sur le tronc d'un arbre pour chercher sa nourriture ou pour creuser son nid. Peut-être pour cogner à la porte de sa voisine. C'est ce que vous apprendrez…

1413 m
1547 m
140 m
1 h 15
1 h 15
oui
la Féclaz
Passage du Croc
Téléski du Sire
Chalets du Sire
1558
vers Glaise
FORÊT
DE CHARVETTE
N
Croix
du Nivolet
le Pas de l'Échelle
0
250 m

18 Le Nivolet par les crêtes

Plusieurs sentiers conduisent à la croix. Le plus facile suit une ligne de crête horizontale. Tout au long, cette crête réserve une vue panoramique sur la cluse de Chambéry.

Accès : se rendre à la Féclaz. Dans le centre de la station (où sont les commerces et les restaurants), prendre la direction du Sire. Aller jusqu'au terminus de la route. Parking en terre battue sur la gauche avant la remontée mécanique.
Difficulté : facile.
Balisage : panneaux.

L'histoire de la croix débute en 1860 quand la municipalité de Chambéry décide d'ouvrir l'avenue du Comte-Vert. Pour pouvoir tracer cette rue, il faut abattre une croix et une chapelle se trouvant dans les jardins du Verney. Ces monuments appartenaient à la confrérie des Pénitents Noirs qui s'occupait d'œuvres de charité et avait pour charge d'assister les condamnés à mort dans leur dernière nuit (le gibet était situé près de la chapelle). Lorsque la municipalité veut abattre la croix, la confrérie donne son accord à condition qu'une autre croix soit érigée en un site où elle pourra être vue depuis n'importe quel lieu de la ville. Le Nivolet est choisi. D'une hauteur de 18 m, la croix est entièrement métallique. Quarante ans plus tard, en décembre 1909, elle est renversée par un ouragan. Il ne faudra guère de temps pour ouvrir une souscription. Et l'on va utiliser un nouveau matériau appelé le ciment armé. C'est la croix actuelle…

La croix du Nivolet.

Le chemin débute entre le parking et la remontée mécanique (panneau : croix du Nivolet). Ce chemin s'élève en faisant quelques virages (on peut raccourcir en suivant plus ou moins la remontée mécanique). Il passe près d'une aire d'envol de parapentes. On voit apparaître la croix du Nivolet. Et il parvient aux chalets du Sire ❶. Tirer vers la droite (panneau : Nivolet) et prendre le sentier (boueux par temps pluvieux) qui se hisse sur une proéminence ❷. Il redescend ensuite sur l'autre versant, pour se diriger (sud) et suivre la crête boisée. Il sera rejoint par un sentier montant des chalets de Glaise ❸. Et toujours en même direction, il parvient à un abri de ciment situé en contrebas de la croix. Suivre le sentier qui grimpe vers la croix. Rambardes et aménagements autour de celle-ci.
Retour : par le même itinéraire.

680 m
1050 m
370 m
1 h 30
1 h 00
oui
Croix du Nivolet
Grotte à Carret
Trou de la Doria
Village du Nivolet
Col de la Doria
la Doria
Lovettaz
N
0
250 m
vers St-Jean-d'Arvey

19 La grotte du député

Sous la cime du Nivolet, un député avait fait construire sa maison dans le porche d'une grotte. C'est la grotte à Carret. Étonnant n'est-ce pas ?

Accès : à Saint-Alban-Leysse, prendre la D 912 qui mène à la Féclaz. La suivre jusqu'à Saint-Jean-d'Arvey. Là, prendre à gauche la route qui mène à Lovettaz. À noter que l'intersection manque de visibilité. Aller jusqu'au hameau de Lovettaz. Parking après le bassin situé dans un virage en épingle.
Difficulté : la grimpée finale dans la caillasse est rude. À éviter aux heures chaudes.
Balisage : panneaux.

La maison dans la grotte.

Né en 1844, Jules Carret est libre-penseur, anticonformiste, franc-maçon, célibataire endurci et misanthrope contrarié. Il va marquer la Savoie de son empreinte. Il ouvre un cabinet de médecine à Chambéry. Pour mieux diffuser ses idées, il fonde deux journaux qui bousculent tant la société chambérienne qu'on l'accuse devant les tribunaux de vouloir troubler l'ordre public. Élu conseiller municipal, il joue un rôle important dans la salubrité de la cité. Se passionnant pour l'archéologie, il prospecte la grotte de la Doria. Afin de mener à bien ses fouilles, il se fait construire une maison dans le porche. À l'intérieur, on y brûle le jour, on y gèle la nuit… Chaque été, le député va loger dans son antre. Ses méthodes de fouilles font de lui un précurseur de l'archéologie moderne. La grotte aurait servi de nécropole aux premiers hommes. En 1887, Jules Carret y découvre un squelette humain. Mais il rêvait d'un anthropopithèque de la plus belle espèce. Au terme du septième été, il abandonne ses investigations.

Du parking, revenir 20 m en arrière à hauteur du bassin et prendre à gauche le sentier (d'abord goudronné) qui grimpe entre les maisons. Ce sentier caillouteux et bordé d'arbres s'élève et rejoint un chemin plus large. Suivre ce chemin qui monte en écharpe dans le versant boisé. Parvenir à un carrefour ❶. Laisser à gauche ce chemin qui poursuit vers la croix du Nivolet et laisser à droite le sentier qui descend vers la cascade de la Doria. Entre les deux débute un raidillon qui grimpe dans la forêt. Après avoir remonté un pierrier, il atteint le pied de la paroi où se trouve la grotte. À noter que le réseau souterrain de la grotte est réservé aux spéléologues.
Retour : par le même itinéraire.

Attention : la via ferrata qui débute à droite de la grotte et s'élève dans la paroi est uniquement réservée aux personnes expérimentées et équipées du matériel adéquat pour ce type d'itinéraires en falaise.

680 m	1547 m	870 m	2 h 00	1 h 30	oui

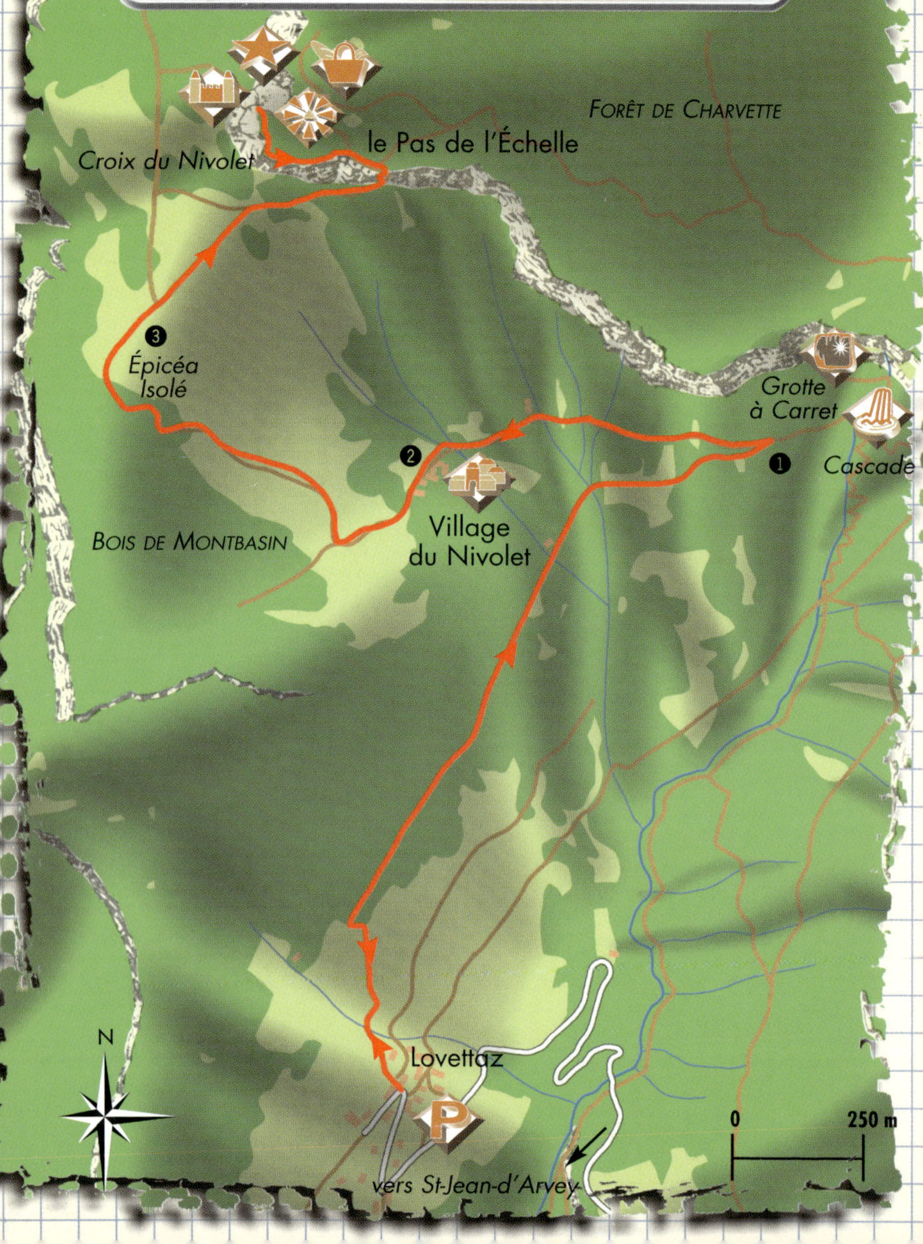

20 Le Nivolet par les échelles

C'est l'un des itinéraires pour gravir la célèbre dent. Il permet d'accéder au plateau supérieur par un pas escarpé comportant des échelles.

Accès : à Saint-Alban-Leysse, prendre la D 912 qui mène à la Féclaz. La suivre jusqu'à Saint-Jean-d'Arvey. Là, prendre à gauche la route qui mène à Lovettaz. À noter que l'intersection manque de visibilité. Aller jusqu'au hameau de Lovettaz. Parking après le bassin situé dans un virage en épingle.
Difficulté : les échelles peuvent surprendre ceux qui craignent le vide.
Balisage : rouge-rouge. Balisage aux couleurs passées.

Lors de son 25e anniversaire en 1935, la croix fut éclairée à l'aide d'un groupe électrogène. Le premier soir, les Chambériens s'étaient donnés rendez-vous dans les rues de la cité pour juger de l'effet. Mais un épais nuage masquait la montagne. Ce qui était d'une parfaite logique puisque le toponyme « Nivolet » viendrait du latin nebulatus. C'est l'affaire des nuages. Le deuxième soir, la ville était encore au rendez-vous. Peine perdue, les yeux eurent beau s'écarquiller, l'éclairage manquait de puissance. Il faudra attendre les fêtes du centenaire du rattachement de la Savoie en 1960 pour que la croix soit illuminée. Mais le vandalisme aura encore raison de la lumière. L'idée est tenace. Grâce à deux projecteurs installés plus récemment, la croix du Nivolet brille enfin dans les nuits chambériennes.

SYMPA

À partir du virage à Carret, on peut descendre en dix minutes à la cascade.

Le Nivolet vu de Chambéry.

Du parking, revenir 20 m en arrière à hauteur du bassin et prendre à gauche le sentier (d'abord goudronné) qui grimpe entre les maisons. Ce sentier bordé d'arbres s'élève et rejoint un chemin plus large. Suivre ce chemin qui monte en écharpe dans le versant. Parvenir à un carrefour ❶. C'est le virage à Carret. Laisser à droite le sentier qui descend vers la cascade de la Doria et qui poursuit vers le col du même nom. Continuer par le chemin qui fait un virage en épingle vers la gauche (panneau). Parvenir au village du Nivolet ❷. En été, un troupeau de chèvres vient sur l'alpage au-dessus du village. Le sentier poursuit sa montée à travers les prés. Bientôt apparaît la croix. La grimpée est raide entre des murets de pierres. Arriver sur le pré en contrebas de la croix (pas très loin des projecteurs). Le sentier se hisse dans le pré. Parvenir à une intersection ❸ près d'un épicéa isolé (panneau). Laisser à gauche la direction du Sire (et l'itinéraire par la cheminée). Tout droit, continuer la grimpée. Parvenu sous la falaise, le sentier tire à droite pour aller chercher le passage des échelles. Celui-ci se situe au creux d'une écaille rocheuse que l'on voit. Ce pas escarpé est équipé d'un câble. Attention, la roche est glissante. Puis ce sont des barreaux métalliques scellés dans la roche. Parvenir sur le plateau sommital. La montée se poursuit en sous-bois jusqu'à la cime où se trouve la croix. Bancs et tables de pique-nique.
Retour : par le même itinéraire.

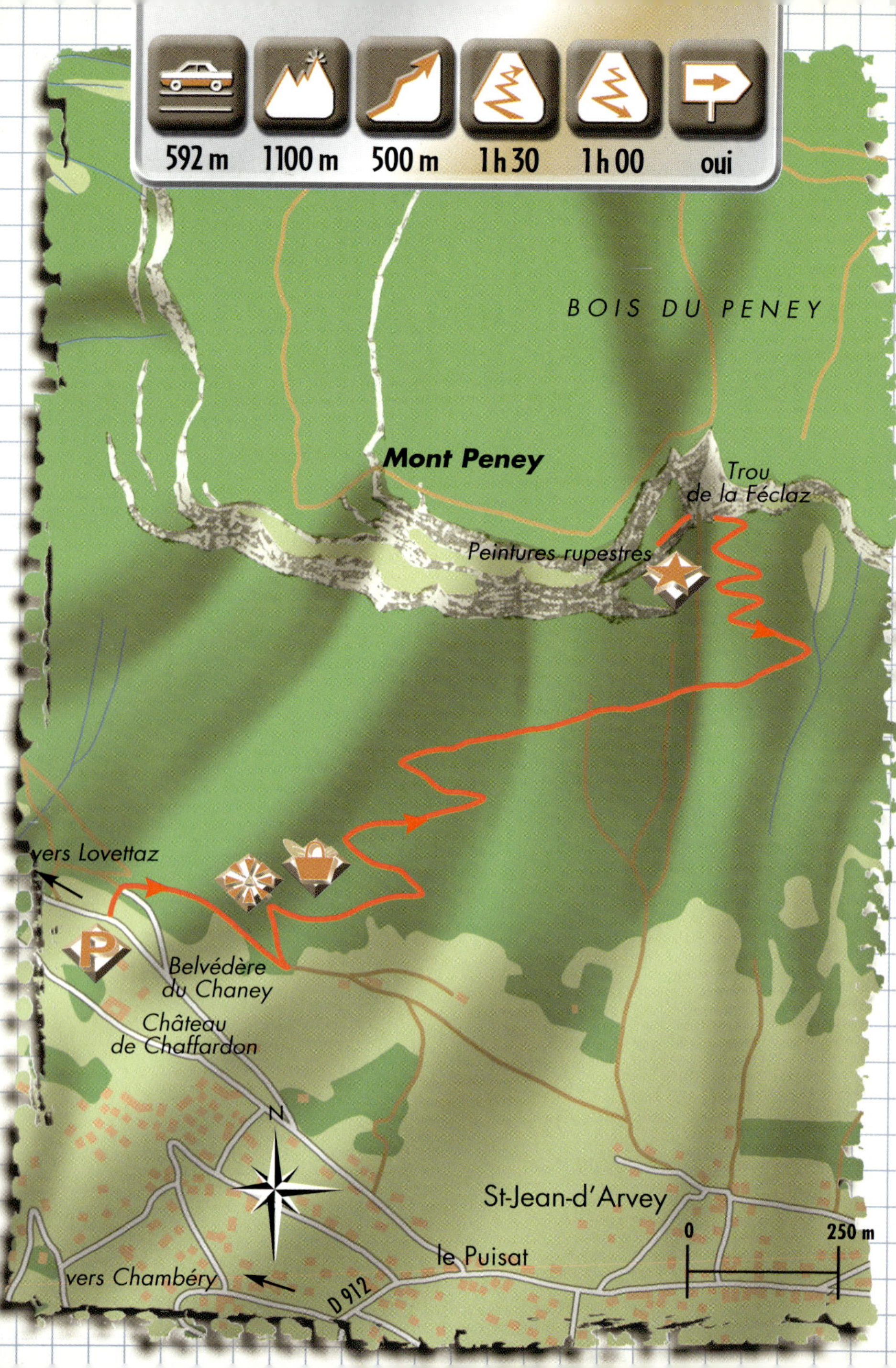

592 m
1100 m
500 m
1 h 30
1 h 00
oui
BOIS DU PENEY
Mont Peney
Trou de la Féclaz
Peintures rupestres
vers Lovettaz
Belvédère du Chaney
Château de Chaffardon
N
St-Jean-d'Arvey
le Puisat
vers Chambéry
D 912
0
250 m

21 Les peintures rupestres du Peney

Itinéraire mal connu vers un site préhistorique au pied de la falaise du Peney.

Accès : prendre la D 912 qui mène à la Féclaz (depuis Saint-Alban-Leysse). La suivre jusqu'à Saint-Jean-d'Arvey. Là, prendre à gauche la route de Lovettaz (l'intersection manque de visibilité). Plus loin, prendre la route de droite (panneau : Lovettaz). Le parking se situe sur un replat au-dessus du château de Chaffardon.
Difficulté : montée régulière dans la forêt. Un peu de vide sur la vire menant aux peintures.
Balisage : panneaux.

Prendre le sentier qui débute à gauche du parking (panneau : Nivolet). Il rejoint rapidement la route goudronnée qui passe au-dessus du parking (à hauteur d'un virage en épingle). Suivre cette route (panneau : les trois sapins) qui parvient sur un replat où se trouve (vers la droite) une table d'orientation. C'est le belvédère du Chaney. À gauche de la route débute l'itinéraire (panneau : peintures rupestres). Suivre une large piste. Elle va s'élever vers la gauche dans le versant, puis faire une boucle pour revenir vers la droite (il existe un raccourci). Parvenir à une intersection. Prendre le chemin qui part vers la gauche (panneau : peintures rupestres). Ce chemin s'élève également en traversée dans le versant. Il va faire un virage à droite et poursuivre dans l'autre sens. Quand il s'achève, prendre un sentier qui s'élève à gauche. Lui aussi en longue traversée ascendante. Puis ce sentier tourne à droite et repart en traversée dans l'autre sens. À un certain moment, il laisse un sentier à gauche. On aperçoit la falaise entre les arbres. Il parvient en contrebas de la faille du Peney. Il s'élève en quelques lacets. Il arrive au pied de la falaise. Laisser la sente qui grimpe vers la cheminée. Suivre le sentier qui part à gauche sous la falaise et, 50 m plus loin, parvenir aux peintures rupestres.

Peinture rupestre.

Se dressant au-dessus de Saint-Jean-d'Arvey, la falaise du mont Peney est constituée de deux parties séparées par une faille verticale qui barre l'ensemble de bas en haut. C'est la cheminée du Peney, qu'on appelle encore le trou de la Féclaz. Au pied de la falaise, à courte distance de la cheminée, on a découvert, tout à fait par hasard, des peintures rupestres remontant à l'âge du bronze, ce qui laisse supposer que les lieux furent fréquentés par les premiers hommes. Une grotte voisine a pu servir de refuge. L'emplacement des peintures sous un surplomb à l'abri des intempéries a contribué à leur bonne conservation. Trois teintes, l'ocre jaune, l'orangé et le rouge « sang séché » ont été utilisées. L'ensemble se présente en plusieurs zones constituées de petites touches juxtaposées. En observant attentivement, on peut voir des croix qui pourraient représenter des formes humaines. Ces peintures sont protégées par une barrière métallique.

Retour : par le même itinéraire.
À noter : la cheminée du Peney permet d'atteindre le plateau supérieur. Cet itinéraire d'une grande raideur est fortement déconseillé à ceux non habitués à ce type de parcours.

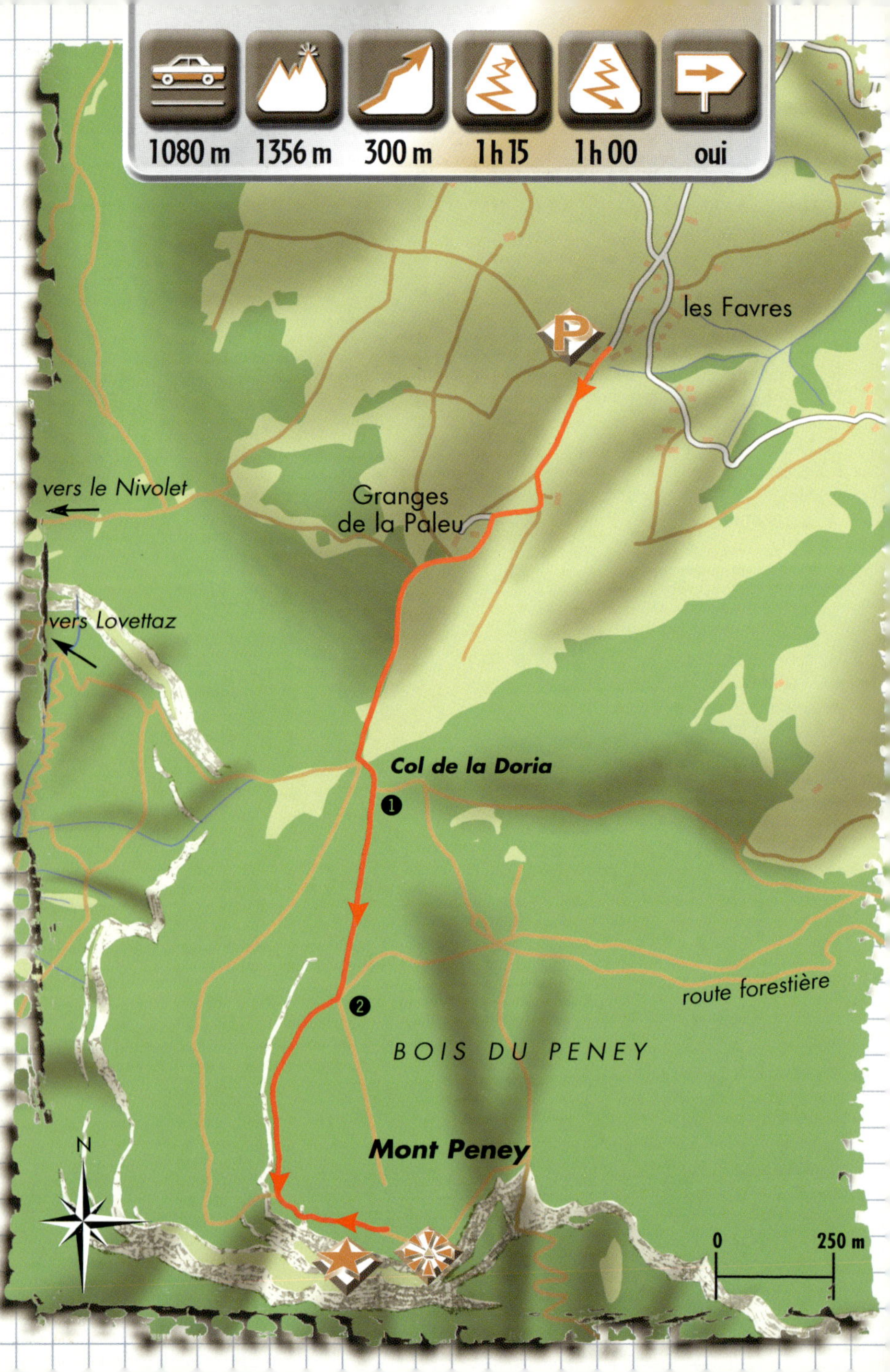
1080 m
1356 m
300 m
1 h 15
1 h 00
oui
les Favres
Granges
de la Paleu
vers le Nivolet
vers Lovettaz
Col de la Doria
1
2
route forestière
BOIS DU PENEY
Mont Peney
N
0
250 m

22 Le mont Peney

L'itinéraire débute parmi les prés, il se poursuit en sous-bois et vient en bordure d'une haute falaise.

Accès : prendre la D 912 qui mène de Saint-Alban-Leysse à la Féclaz. Parvenu aux Déserts (chef-lieu), dans un virage, prendre la D 206 qui part à gauche (panneau : les Favres). Suivre celle-ci jusqu'aux Favres (indiqués « le » Favre). Dans ce hameau, laisser à droite une route vers la Féclaz et à gauche une route vers les Charmettes. Prendre celle qui débute entre les deux. La suivre un instant, se garer sur sa bordure après les dernières maisons.
Difficulté : marcheur moyen. Prudence en bordure de la falaise, surtout avec des enfants.
Balisage : jaune dans la seconde moitié.

La forêt sous le Peney en automne.

Le mont Peney domine Saint-Jean-d'Arvey de ses parois calcaires. Son nom dérive du mot « pin », en vertu des pins sylvestres qui s'accrochent sur ses escarpements abrupts et ses vires ensoleillées. Derrière le faîte de sa haute falaise, le plateau sommital constitue un plan incliné couvert de forêts sombres et que parcourt une route forestière. Celle-là débute en aval du chef-lieu des Déserts tandis que de nombreux sentiers s'entrelacent à l'ombre des grands arbres. L'un d'eux vient se promener sur la cime en bordure immédiate de la falaise. Cette cime est beaucoup moins fréquentée que sa voisine, l'inévitable dent du Nivolet. Le panorama qu'on y découvre n'en est pas moins remarquable.

Poursuivre par cette route. Quand elle n'est plus goudronnée, c'est une piste qui parvient en vue de deux maisons (Grange de la Paleu). À un moment, abandonner cette piste qui poursuit vers les maisons (privé) et prendre à gauche un chemin herbeux (panneau : le Nivolet - col de la Doria). Ce chemin contourne les maisons par la gauche et poursuit au-dessus de celles-ci. Horizontalement, il amorce une direction sud et longe la lisière de la forêt. Il laisse successivement à droite deux sentiers qui mènent au Nivolet (panneaux). Et toujours horizontalement, il parvient au col de la Doria ❶. À ce col (où aboutit le sentier montant de Lovettaz), laisser une piste qui poursuit tout droit et une autre qui monte à gauche. Prendre le sentier (blanc-rouge) qui grimpe entre ces deux pistes. Il rejoint tout de suite un autre sentier que l'on prend à main droite. Environ 80 m plus haut, laisser le sentier (blanc-rouge) qui part à gauche, et poursuivre tout droit (panneau jaune : Peney). Ce sentier s'élève dans la pente boisée. Il rejoint un chemin plus ou moins horizontal ❷ qui arrive du parking de la route forestière. Laisser le sentier qui grimpe tout droit vers la cime (indiqué par le panneau) et prendre à main droite (panneau : sentier des crêtes). Balisé en jaune, ce sentier s'élève et s'approche peu à peu de la bordure des crêtes. Il arrive sur la cime du Peney marquée par un petit panneau. Attention au vide.
Retour : par le même itinéraire.

800 m
1681 m
880 m
3 h 00
2 h 00
oui
Col de la Combe Servenne
Pointe de la Galoppaz
Arvey
Pont
P
1
Col de la Galoppaz
Pic de la Sauge
N
0
250 m

23 La pointe de la Galoppaz

Ce sommet herbeux peut se gravir par trois itinéraires différents. Celui-ci se hisse dans les pentes qui dominent le village de Puygros.

Accès : se rendre à Puygros (par Curienne) et se diriger vers le hameau d'Arvey que l'on traverse. Franchir un petit pont dans un virage. Sur la gauche après ce pont, on peut voir un panneau du Parc naturel régional des Bauges. Là commence l'itinéraire. Se garer sur le terre-plein à droite de la route.
Difficulté : bon marcheur.
Balisage : rouge-rouge.

Au sommet de la Galoppaz.

Le sentier débute à droite du panneau du parc naturel. Il s'élève pour rejoindre tout de suite un chemin en bordure des prés. Ce chemin passe devant la cabane de la Souéta. 60 m plus loin, il laisse un chemin qui descend à gauche. Parvenir bientôt à un autre chemin. Le prendre à main droite (à noter que l'on peut suivre un raccourci plus raide qui démarre en bordure de ce chemin). Ce chemin tire vers la droite. On peut voir le village d'Arvey en contrebas. Puis il fait un virage en épingle et revient vers la gauche. Apercevoir la Galoppaz en ligne de mire. Laisser un chemin qui part à gauche.

Le nôtre poursuit sa grimpée. Il traverse un ruisseau au pied d'une cascade et vient sous les contreforts de la Galoppaz. Parvenir à une intersection. Laisser ce chemin qui continue vers la combe Servenne ❶ et prendre un sentier à droite (panneau). Ce sentier s'élève dans la pente boisée. Il émerge sur un vallon herbeux situé à droite de la pente sommitale de la Galoppaz. Suivre un instant le talweg (fond du vallon) pour aller chercher une ligne de pente moins forte. Obliquer sur la gauche pour gravir la pente jusqu'à la cime dont on distingue la croix.
Retour : par le même itinéraire.

Pyramide bien proportionnée quand on l'observe depuis Chambéry, par sa situation individualisée et en dépit de son altitude modeste (1 681 m), la Galoppaz représente un splendide belvédère. De la cime s'étale un vaste panorama sur la cluse chambérienne et ses environs : vers le massif de la Chartreuse, avec le Granier qui trône à une place de choix, vers le Margériaz qui fait comme une table, le Colombier d'Aillon qui s'honore d'une pente raide sur son versant occidental, la longue dentelure de la dent d'Arclusaz et les sommets de la réserve des Bauges. Puis vient la succession des cimes rocheuses de la Lauzière et de Belledonne. Une suite d'autant plus remarquable lorsqu'elle est enneigée. En détaillant ce tour d'horizon, les minutieux chercheront la croix du Nivolet. Ils la trouveront sans peine, même si elle se montre sous un angle inhabituel. Ils n'apercevront qu'une infime partie du mont Blanc. La cime suprême est masquée par le Pécloz. En direction opposée, ils distingueront la barrière du Vercors. Et un monolithe planté dans les lointains brumeux. C'est le mont Aiguille. Sans oublier le grand pic de la Meije. Mais celui-là, il faudra le dénicher…

1020 m
1338 m
320 m
1 h 15
1 h 00
oui
D 32
la Correrie
T. du Gardet
T. de la Combe aux Biches
T. des Rochettes
T. de l'Aigle
T. de Guillotet
Mont Pelat
Col de la Sciaz
N
0
250 m

24 Le col de la Sciaz

Ce col fut naguère un lieu de passage pour entrer dans le massif des Bauges.

Accès : à Aillon-le-Jeune, se rendre au lieu-dit « la Correrie », prendre la route qui s'élève au-dessus du restaurant « Le chamois ». Un peu plus loin, le départ du chemin se situe à droite de la route (panneau : col de la Sciaz). Garer le véhicule sur un terre-plein à gauche de la route.
Difficulté : facile.
Balisage : panneaux.

Sur le chemin de la Sciaz.

C'est un large chemin qui s'élève en pente douce vers le col, prenant le versant en écharpe. Il passe sous plusieurs remontées mécaniques. Il fait un virage en épingle pour venir au départ d'un remonte-pente puis repart vers la droite. 50 m plus loin, près du départ du remonte-pente « le Guillotet », prendre le chemin qui part à droite (panneau : col de la Sciaz) et parvenir sur le col.
Retour : par le même itinéraire.
En faire plus : poursuivre par le même chemin qui prend une direction nord-est. Il quitte la forêt et s'élève assez raide en ligne de crête parmi les prés. La vue se dégage sur la Combe de Savoie, la Lauzière et Belledonne. Grimper jusqu'au sommet du mont Pelat (1 543 m).

Au XIIe siècle, un groupe de chartreux vint s'installer sur les terres que leur avait données le comte de Savoie dans la vallée des Aillons. Le couvent prit peu à peu de l'importance. Les moines entretenaient une activité agricole intense. Au XVIe siècle, leurs biens se répartissaient à travers tout le massif et dans la Combe de Savoie. Vers 1730, ils se lancèrent dans le travail du fer et donnèrent une impulsion nouvelle à la vie locale. La clouterie devint la spécialité des Baujus. Le minerai provenait de la vallée des Hurtières en Maurienne. Le métal fabriqué fournissait la matière première pour les clouteries. Dans ces ateliers glacés où l'on ne travaillait qu'en hiver, les Baujus fabriquaient des clous de tous calibres, pour la construction des maisons, pour les charpentes… et même pour le château des Ducs à Chambéry. Durant les six siècles de son existence, le monastère connut bien des vicissitudes. Les chartreux le désertèrent quand les soldats de la Révolution entrèrent en Savoie.

SYMPA

Aller voir le bâtiment à arcades de l'ancienne chartreuse. Et l'église paroissiale. Sa porte d'entrée était celle du monastère. Elle en a conservé le judas.

950 m
2 041 m
1100 m
3 h 15
2 h 15
oui
Grange de l'Épion
Col du Potat
Chalet du Potat
Pierre Besse
Dent d'Arclusaz
Col d'Arclusaz
Crête de la Via
D 911
Routhennes
Col du Frêne
D 911
St-Pierre-d'Albigny
N
0
250 m

25 La dent d'Arclusaz

Ce sommet présente des escarpements prodigieux. C'est parmi eux que l'itinéraire est allé chercher un passage pour atteindre les crêtes.

Accès : se rendre sur le col du Frêne qui représente l'une des entrées des Bauges. Quand on vient par Saint-Pierre-d'Albigny, se garer sur le parking situé à droite de la route, tout de suite après le panneau indiquant le col. Il y a une grande croix de pierre.
Difficulté : réservé au bon marcheur ne craignant pas le vertige. Fortement déconseillé par temps pluvieux ou s'il subsiste de la neige.

Au sommet de la dent d'Arclusaz.

Lorsqu'on roule entre Chambéry et Albertville, on ne voit qu'elle. C'est l'un des plus beaux sommets des Bauges et des meilleurs belvédères des Alpes du Nord. De là-haut, la vue s'étend depuis le mont Blanc jusqu'aux Écrins. Avec les sommets proches de la réserve des Bauges. Avec l'Arcalod, le Trélod et le Pécloz. Cet itinéraire n'est pas le plus facile. Il se promène au-dessus de pentes très raides. Puis il suit la crête sommitale d'où l'on domine le vallon d'Arclusaz. Dans ce vallon, les vaches viennent paître en été et les montagnards continuent de fabriquer la tome des Bauges. Celle écrite avec un seul « m ». Quant à la dent, il faut prononcer « Arcluse »…

Le sentier débute à hauteur du panneau indiquant le col, derrière la grande croix. Il va s'élever sur une croupe boisée. À un moment, il traverse une piste. Plus haut, il suit un herbage entre les bois. Plus haut encore, il rejoint une autre piste. La vue se dégage sur la Combe de Savoie. Suivre cette piste qui parvient à une grosse bâtisse ❶ que l'on contourne. Tout de suite après la bâtisse, un chemin descend en sous-bois sur le col du Potat ❷. Devant soi se redresse le versant de la dent. L'itinéraire se hisse dans la pente. Il existe plusieurs sentes. Ne pas rater le meilleur sentier. Pour cela, environ 50 m au-dessus du col, prendre celui qui s'enfile à droite dans le bois en franchissant la clôture (panneau). Il s'élève dans un secteur boisé. Il débute en tirant vers la droite. À une intersection, laisser à droite le sentier du Gros Fayard et prendre à gauche. Ce sont ensuite de longs lacets. Le sentier émerge du bois. La forte pente devient herbeuse. Toujours en lacets, parvenir à un rocher isolé dans la pente ❸. C'est la Pierre Besse. La grimpée se poursuit, puis le sentier tire vers la gauche pour parvenir au pied de la falaise où il va chercher le point faible lui permettant d'atteindre la ligne de crête. C'est un passage raide, moitié terreux et moitié rocheux. La sortie sur la crête se fait dans une crevasse rocheuse ❹. Un câble est en place. Il ne reste qu'à suivre la sente qui part à droite (sud) et court en contrebas immédiat de la ligne de crête. Elle parvient à la croix. Attention, ce cheminement se fait au-dessus d'un grand vide où la chute ne pardonne pas. Quelques câbles en place.
Retour : par le même itinéraire.

Parmi les vignobles.

Vers Montmélian et plus loin

798 m
1156 m
360 m
1 h 15
1 h 00
non
vers le lac de la Thuile
vers Chignin
Nécuidet
Roche Blanche
Grotte de l'Ermite
1
Trouée de Chignin
N
Roc de Torméry
0
250 m

26 La grotte de l'Ermite

Quelque part au-dessus de la trouée de Chignin, la grotte se cache dans la végétation.

Accès : hameau de Nécuidet. Pour s'y rendre, aller à Curienne depuis Saint-Alban-Leysse. Poursuivre par la D 11 qui mène au lac de la Thuile. Après Monthoux, prendre une route à droite (panneau : Nécuidet). Se garer sur le terre-plein près de l'embranchement de la route montant au hameau, à proximité de garages.
Difficulté : itinéraire demandant un sens de l'orientation. Avant d'arriver à la grotte, quelques passages sur une roche glissante comportent un peu de vide masqué par la végétation.
Balisage : sans.

Suivre la route qui mène à Nécuidet après un virage en épingle. Traverser le hameau. Le chemin débute à droite vers les dernières maisons. D'abord horizontal, il passe près d'un four. Laisser un chemin à gauche et prendre celui qui s'élève à droite dans les bosquets. À un certain moment, laisser un chemin qui grimpe raide sur la droite. Le nôtre parvient sur un replat et grimpe à nouveau. À une intersection, laisser le chemin horizontal qui part à gauche et prendre celui qui monte à droite. En montée raide, après environ 100 m, prendre un chemin à gauche. Parvenir devant une maison. La longer. Après celle-ci, prendre à droite. C'est un sentier qui mène sur un replat (pré avec épicéas). Il s'y engage. Il arrive à une ligne de barbelés, près d'un panneau indiquant la direction de la trouée de Chignin. Franchir ces barbelés et tourner à gauche. Le sentier longe les barbelés puis s'en écarte vers la droite. Il amorce une descente et bientôt passe devant un panneau. Poursuivre tout droit la descente et, 50 m plus bas, arriver à une intersection. Nous sommes dans la trouée de Chignin ❶. Abandonner ce sentier qui plonge vers Chignin et prendre celui qui va horizontalement vers la droite (panneau : grotte à 10 mn). En réalité, compter 20 mn. Le sentier pénètre dans la végétation d'un chaînon boisé (Roche Blanche). Il part en traversée horizontale en contrebas de la crête et sur le versant qui regarde la vallée. Quelques passages raides. Panorama vers le Granier. Parvenir devant la grotte.
Retour : par le même itinéraire.

La grotte de l'Ermite.

Ce trou n'est pas immense, mais son aspect insolite parmi les buissons peut surprendre. S'il est un peu oublié, le sol de son porche aurait été foulé par les premiers hommes. En 1874, on a mis au jour des fragments de poteries remontant à l'âge des métaux. Quant à l'ermite, on ne possède guère d'informations à son propos. On sait qu'il vécut en des temps lointains. Il ne fut pas unique dans la région. Il eut des congénères sur le col du Chat et dans la grotte de Bange près de Lescheraines. Il s'agissait d'êtres marginaux plus ou moins mystiques. Certains furent reconnus par la religion officielle. L'ermite du mont Saint-Eynard avait reçu l'agrément des autorités ecclésiastiques de Grenoble. À présent, l'espèce se fait rare. Sinon sur les pentes de l'Himalaya…

350 m
1209 m
860 m
2 h 30
2 h 00
oui
vers le lac de la Thuile
Rocher de Manettaz
Roche du Guet
Le Tapin
l'Avalanche
les Calloudes
N
0
250 m
vers Montmélian

27 La roche du Guet

La roche domine la cité de Montmélian. La montée est rude. Et l'on perçoit la rumeur de la vallée. Mais là-haut règne le grand calme.

Accès : à Montmélian, se rendre au hameau des Calloudes, un lotissement derrière la voie ferrée et au pied de la roche du Guet. Suivre la route qui s'élève jusqu'aux maisons situées les plus hautes dans la pente (avenue des Calloudes). Se garer sur le replat au bout de l'avenue.
Difficulté : pour bon marcheur. À éviter par fortes chaleurs.
Balisage : panneaux.

La roche du Guet vue depuis la vallée.

La roche forme une proue en avancée sur le carrefour des vallées. Un carrefour qui s'ouvre en trois directions. Si l'on suit la Combe de Savoie, on va vers Albertville, la Tarentaise ou la Maurienne, et vers l'Italie. En suivant le Grésivaudan, on se dirige vers Grenoble. Par la cluse de Chambéry, la route mène à la cité des ducs. De cette situation, on imagine d'où vient le nom donné à la roche. Là-haut aurait existé un poste d'où les guetteurs surveillaient. Ce nœud de vallées représentait un lieu de passage inévitable et un point stratégique. La frontière avec le Dauphiné (avec la France) était à deux pas. L'Isère promenait ses méandres sur toute la largeur de la vallée. Le seul endroit pour jeter un pont était le pied du rocher où s'adossait la cité de Montmélian et sur lequel se dressait un fort imposant. Les princes de Savoie montaient bonne garde. Dauphinois et Français se frottèrent maintes fois à ces murailles. De François 1er à Henri IV, de Louis XIII à Louis XIV. L'ultime siège s'acheva par la démolition du fort.

Prendre la petite route goudronnée qui débute au bout de l'avenue et qui grimpe au-dessus de celle-ci (chemin de la Générale). Après 100 m, cette route parvient à un réservoir. Poursuivre à gauche par un large chemin d'abord horizontal. Puis il s'élève et fait un virage à droite. Environ 100 m plus loin, prendre un sentier à gauche (panneau : circuit de la Savoyarde). Il grimpe dans le versant en faisant quelques virages puis il tire vers la gauche parmi des buis géants. Il revient ensuite vers la droite, poursuivant sa grimpée en sous-bois. Plus haut, il effectue une courte redescente ❶ et continue à l'horizontale vers la droite. Il reprend sa montée et émerge en ligne de crête parmi les prés et les taillis. On voit poindre les sommets des Bauges. À une intersection ❷, laisser un sentier à droite qui mène au rocher de Manettaz et prendre à gauche (panneau : roche du Guet). Ce sentier s'élève dans un taillis et parvient en bordure du versant d'où l'on découvre le panorama sur la vallée. Il suit la bordure. Prudence en raison du vide que peuvent masquer les buis. Parvenir sur la cime.
Retour : par le même itinéraire.

870 m
1065 m
200 m
2 h 00
oui
D 11E
la Thuile
Lac
de la Thuile
le Lac
le Mont
vers Cruet et Arbin
Col du Mont
N
Rocher
de Manettaz
vers la Roche du Guet
0
250 m

28 Le rocher de Manettaz

Pour venir sur ce rocher qui surplombe la vallée, l'itinéraire débute sur les rives du lac de la Thuile, une jolie pièce d'eau dans son écrin de roseaux.

Accès : lac de la Thuile. Pour s'y rendre, monter à Curienne en passant par Saint-Alban-Leysse. Poursuivre par la D 11. Aller jusqu'à la Thuile. Parking à l'entrée de ce village.
Difficulté : marcheur moyen. Le rocher domine un grand vide. Ne pas s'aventurer au-delà des barrières.
Balisage : jaune.

L'appellation « Roche du Guet » est peu en vigueur. La montagne est plus connue sous le nom de « Savoyarde ». Vue d'un certain angle depuis Montmélian, une falaise présente le profil d'une femme portant la coiffe traditionnelle de la Tarentaise. L'ensemble est constitué de plusieurs proéminences se succédant sur une ligne de crête en arc de cercle. Le point le plus élevé, celui qu'on appelle « roche du Guet », culmine à 1 209 m d'altitude. Il se situe au nord-est du sommet qui domine directement la cité de Montmélian et qu'on a baptisé le Tapin. À quelques envolées vers l'ouest, le roc de Torméry fut surnommé le rocher de Damoclès en raison d'un bloc qui menaçait de s'écrouler sur un hameau de Chignin. C'était en 1913. On fit éclater ce bloc à la dynamite. À l'opposé vers l'est se situe le rocher de Manettaz. En surplomb sur le vide, ce belvédère a été équipé d'une table d'orientation. On découvre le carrefour des vallées qu'entourent la Chartreuse, les Bauges et le massif de Belledonne. Vers le sud, c'est le Vercors et le monolithe caractéristique du mont Aiguille.

Du parking, entrer dans le village. Prendre la route à gauche qui passe devant l'école et la mairie. Poursuivre vers le lac. La route va le longer et parvenir au hameau du Lac ❶. Là, prendre un sentier à gauche (panneau : rocher de Manettaz). Il s'élève en sous-bois. On voit le lac en contrebas. Rejoindre un chemin et poursuivre la grimpée par celui-ci (panneau : col du Mont). Ce chemin fait un lacet à gauche et parvient à une intersection. Prendre à droite (panneau : Cruet, Arbin). Et aussitôt parvenir sur le col du Mont ❷. Le sentier s'en va sous les arbres. Environ 100 m plus loin, laisser ce sentier qui poursuit tout droit et prendre à droite (panneau : Manettaz). Par une succession de courtes montées et descentes, parvenir en ligne de crête au-dessus de la vallée. À l'intersection, laisser à droite l'itinéraire de la roche du Guet et prendre à gauche vers le rocher de Manettaz (panneau) que l'on atteint rapidement.
Retour : revenir sur ses pas jusqu'à la première intersection rencontrée à la montée. Là, ne pas prendre à droite (par où l'on est arrivé), mais poursuivre tout droit par un large chemin. Il rejoint une route près d'une grosse bâtisse (le Mont) ❸. Suivre cette route sur 200 m puis prendre à gauche un large chemin. Il passe au-dessus du lac (beau point de vue), puis il rejoint une route ❹. La prendre à main droite et revenir au point de départ.

Quand la montagne est en fleurs.

Altitude moyenne : 260 m
1 h 00
oui
Le Coisin
Lac de Sainte-Hélène
vers
Ste-Hélène-du-Lac
Petit
Pont
D 20
N
0
250 m

29 Le lac de Sainte-Hélène

Des chants d'oiseaux. Un vol de canards. Un héron s'enfuit en frappant l'air. C'est un lac aux eaux calmes à deux pas de Montmélian.

Accès : quand on arrive à Montmélian par la N 6, traverser le pont sur l'Isère pour aller au rond-point près de l'entrée de l'autoroute. Là, prendre la D 923 qui mène à Pontcharra. Après 3 km, prendre à gauche la D 20e vers Sainte-Hélène-du-Lac. La suivre jusqu'au chef-lieu.
Après l'église, prendre à droite. La route vient à proximité du lac. Après le petit pont sur le ruisseau du Coisin, se garer sur le terre-plein à droite et en contrebas de la route.
Difficulté : facile. À noter que la baignade est interdite.
Balisage : panneaux.

Quand le ciel joue avec les eaux.

Du terre-plein, revenir en arrière et traverser le petit pont, pour descendre ensuite à droite vers le lac. Là débute un large chemin (bourbeux par endroits) qui va longer le lac à plus ou moins proche distance. Il va pénétrer dans les roseaux. Plusieurs sentiers permettent de s'approcher des berges. En arrivant vers l'extrémité du lac, le large chemin s'en éloigne un peu pour aller traverser un ruisseau (petit pont). Prendre ensuite à droite et revenir au bord du lac. On est alors à son extrémité nord-est. Continuer en longeant les berges. Traverser un petit canal (le Coisin) sur une passerelle de bois et poursuivre en rive opposée en conservant le sentier qui reste au plus près du lac et qui va à travers la végétation. Retrouver le point de départ avec des tables de pique-nique qui attendent pour la pause casse-croûte.

La végétation est florissante sur les rives paisibles. Les eaux se plissent à la brise. On dit qu'elles cacheraient un antique secret. On dit qu'une ville aurait existé avant qu'existe le lac. La cité aurait été engloutie par les flots. Peut-être par punition divine. Peut-être parce que les habitants y menaient mauvaise vie. Il paraîtrait qu'à la fête de la Toussaint, aux alentours des douze coups de minuit, on entend les cloches de l'église qui carillonnent dans les profondeurs. Dès le Moyen Age, ces eaux poissonneuses furent très prisées. On y pêchait la carpe, le brochet, la tanche, le gardon, l'anguille, la perche et la truite. Serait-ce pour cette raison que le lac fut acheté par les chartreux de Saint-Hugon ? Puis il fut vendu comme bien national sous la Révolution. Et il retourna aux chartreux durant la Restauration sarde. Aujourd'hui, le territoire se partage entre les communes limitrophes de Sainte-Hélène, des Mollettes et de Saint-Pierre-de-Soucy. Les pêcheurs n'ont pas quitté leurs postes… Tandis que se mirent les montagnes de la Savoyarde et du Granier.

810 m
1518 m
700 m
2 h 00
1 h 30
non
Pointe de Chaurionde
le Parc à Moutons
Col de Tamié
Col de Haut du Four
Sous le Col
D 201c
Chalets du Haut du Four
N
vers Frontenex
0
250 m

30 Le Haut du Four

Situé sur la bordure orientale des Bauges et voisin du col de Tamié, le col du Haut du Four fait communiquer la vallée de l'Isère avec la haute vallée du Chéran.

Accès : sur la route de Chambéry à Albertville, au carrefour de Frontenex (peu avant Albertville et à hauteur du péage de l'autoroute), prendre la direction du col de Tamié. Traverser Frontenex et poursuivre en direction du col. Environ 400 m après le lieu-dit « Sous le Col », dans une grande boucle vers la droite que fait la route, repérer le départ de l'itinéraire près d'un terre-plein. C'est à gauche de la route.
Difficulté : assez bon marcheur.
Balisage : sans.

Sur le col du Haut du Four.

Les moines de Tamié possédaient de nombreux alpages, notamment celui du Haut du Four. Ce que leur contestaient les bénédictins de Bellevaux dont le prieuré se situait au pied du Pécloz. Comme eux, ils s'étaient lancés dans la métallurgie. Ils s'étaient spécialisés dans la fabrication des plaques de cheminée, des outils agricoles et des cercles de tonneaux. Cette activité fut intense au XVIIIe siècle. Les moines « charbonnaient » à travers tout le massif. Ils fabriquaient du charbon de bois pour faire fonctionner leurs hauts fourneaux. Mais l'exploitation excessive du bois allait entraîner une forte déforestation des Bauges. C'est de cette activité que viendrait le nom donné à l'alpage. Les religieux de Tamié devaient y posséder un four…

Derrière le terre-plein, s'engager sur le chemin assez large qui part entre les hêtres. Il va tout de suite passer auprès d'une vieille bâtisse. Un peu plus haut, laisser un chemin qui s'élève sur la droite. Après un court replat, le nôtre passe devant une grange (située sur la gauche). Il devient un sentier et grimpe parmi des prairies et des bois clairsemés, passant près de quelques granges et d'une plantation d'épicéas. Il poursuit en montée régulière dans le versant boisé, traversant successivement deux ruisseaux. Il pénètre dans la réserve de chasse (marquée par un panneau). Avant d'atteindre le col, il passe en contrebas d'une croupe appelée le « Parc à Moutons » dont la pente est ravagée par les coulées de neige en hiver. On le constate en observant l'air penché des buissons. Il n'est pas rare d'y observer des chamois. Puis le sentier parvient sur le col du Haut du Four où la vue se dégage sur le mont de la Coche, l'Arcalod et la pointe de Chaurionde. Au col, prendre à gauche le sentier qui s'en va horizontalement vers le groupe des chalets du Haut du Four.

En faire plus : du Haut du Four, on peut gravir la croupe du Parc à Moutons (1 859 m) située au nord du col (à droite quand on arrive sur le col). Compter une petite heure de montée. Panorama sur la pointe de Chaurionde et les cimes environnantes.

1000 m
1745 m
750 m
2 h 15
2 h 00
oui
D 207
les Boulins
Cabane
1
le Grand Leyat
Tourbière
Col du Champet
le Grand Chat
1992
N
0
250 m

31 Le col du Champet

Dans la vallée des Huiles, le col du Champet se situe en ligne de crête de la chaîne des Hurtières.

En arrivant sur le col du Champet.

Accès : aller à la Rochette (Val Gelon) et poursuivre par la D 207 vers la vallée des Huiles. Au Bourget-en-Huile, traverser le hameau des Boulins. Puis avant un virage à gauche et avant de franchir un pont en direction du chef-lieu, prendre à droite une route étroite. La suivre sur sa partie goudronnée (environ 1,5 km). Se garer sur un terre-plein.
Difficulté : bon marcheur.
Balisage : panneaux.

Suivre la piste qui prolonge la route. Après 150 m, laisser un sentier à gauche qui mène à l'une des entrées de la mine de la Richesse. Et après 500 m, prendre à gauche une autre piste qui grimpe dans la forêt (panneau : col du Champet). Cette piste est boueuse par temps humide. Elle fait une épingle à droite pour parvenir sur un replat. 60 m après ce virage, prendre un sentier à gauche (panneau). Il monte raide. Parvenir à une cabane de bûcheron ❶ (baraque à Michel). Prendre à gauche de la cabane (panneau). Plus haut, rejoindre une piste. La vue se dégage sur les Bauges et sur le Granier. Prendre cette piste à main droite, la suivre sur 100 m et prendre un sentier à gauche. Il franchit à nouveau une piste horizontale, et encore une autre piste. Sur un replat, traverser une zone marécageuse. Après un passage plus ou moins horizontal, toujours en sous-bois, rejoindre à nouveau une piste. La prendre à main droite et la suivre sur quelques centaines de mètres. Puis prendre le sentier à gauche (panneau). Bientôt, laisser à gauche un sentier qui va au Grand Leyat. Parvenir sur le col du Champet.
En faire plus : au col du Champet, prendre à droite le sentier qui suit les crêtes (panneau : itinéraire des crêtes). Atteindre en trente minutes le sommet du Grand Chat (1 992 m) où se dresse un gros cairn de pierres.

Le curieux vocable « huile » se rapporte à un sommet qui domine l'entrée de la vallée. C'est le pic de l'Huile. Ce toponyme est issu du patois ullie *et désigne un pic ou une aiguille. La vallée a connu une vocation industrielle liée à la présence du minerai de fer. En 1170, des moines de la Grande Chartreuse vinrent s'installer dans la vallée voisine du Bens. Ils se lancèrent dans la métallurgie. Le minerai était traité dans les hauts fourneaux de Saint-Hugon et d'Épierre. L'exploitation fut stoppée par la concurrence de la sidérurgie lorraine. Plusieurs entrées de galeries subsistent dans la montagne, dont celles de la mine de la Richesse. Dans les années 1970, on tenta d'aménager une station de ski. Depuis les crêtes, la vue porte sur la chaîne de la Lauzière en rive opposée de la vallée de la Maurienne. Sur les cimes proches de Belledonne, sur les Bauges, la Chartreuse et le Vercors.*

Effet de soleil sur le mont Granier.

En Chartreuse

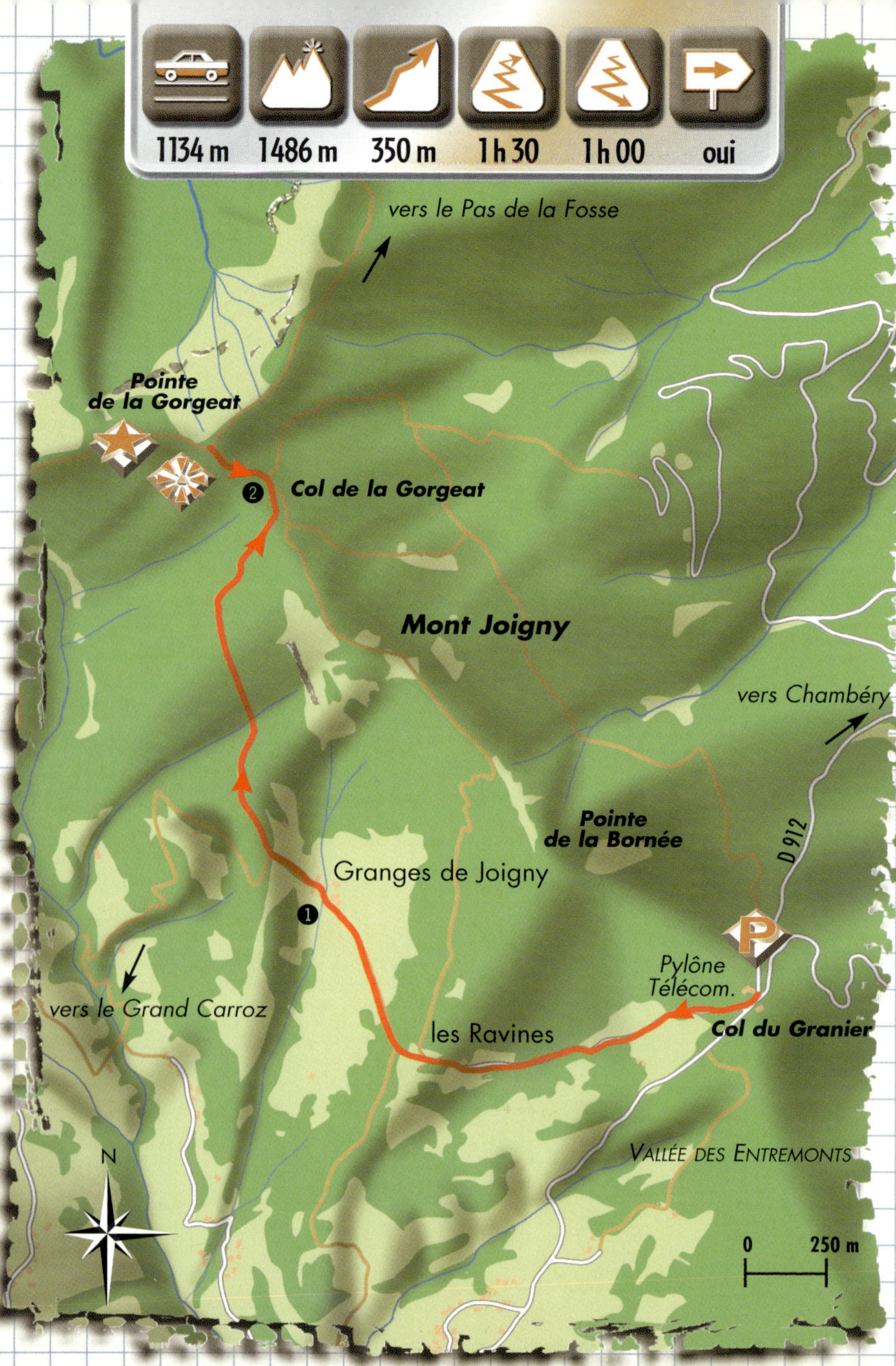

1134 m
1486 m
350 m
1 h 30
1 h 00
oui
vers le Pas de la Fosse
Pointe de la Gorgeat
Col de la Gorgeat
Mont Joigny
vers Chambéry
Pointe de la Bornée
D 912
Granges de Joigny
Pylône Télécom.
vers le Grand Carroz
les Ravines
Col du Granier
Vallée des Entremonts
N
0
250 m

32 La pointe de la Gorgeat

Agréable randonnée parmi les prés et les bois. Et de là-haut, un point de vue en enfilade sur le site de Chambéry.

Accès : col du Granier. Quand on arrive de Chambéry, juste après avoir dépassé le panneau indiquant le col, se garer sur le terre-plein à droite de la route. C'est presque en face du bar et du magasin de souvenirs.
Difficulté : depuis la cime, du vide sur le versant Chambéry.
Balisage : jaune.

Suivre le chemin qui débute au terre-plein (panneau : pointe de la Gorgeat - mont Joigny). Il mène en 30 mn aux Granges de Joigny ❶. Parvenu à celles-ci, poursuivre sur le chemin au-delà des maisons. Après une centaine de mètres, arriver à une intersection. Laisser le chemin qui poursuit vers le Grand Carroz et prendre à droite (panneau : la Gorgeat). Le sentier s'élève dans la forêt de hêtres et parvient au col de la Gorgeat ❷. Laisser à droite la direction du mont Joigny et prendre à gauche vers la pointe (panneau). Puis 20 m plus loin, laisser à droite un sentier qui descend au tunnel du pas de la Fosse. Toujours en sous-bois, parvenir sur la pointe de la Gorgeat.
Retour : par le même itinéraire.

La paroi du Granier.

Faisant le pendant à la montagne du Granier, par rapport au col du même nom, mais d'allure beaucoup plus modeste, une bosse boisée s'élève en bordure nord de la vallée des Entremonts. Sa ligne de crête est constituée du mont Joigny et de la pointe de la Gorgeat, deux proéminences séparées par le petit col de la Gorgeat. Naguère, lorsque la route menant de Chambéry aux Entremonts (par le col du Granier) n'existait pas, les gens de la vallée descendaient à la ville par un mauvais sentier qui franchissait ce collet. Ils ne retrouvaient que beaucoup plus bas les bons chemins, tandis que le sentier du col du Granier obliquait vers Myans. La balade à la Gorgeat débute par la traversée des herbages des Granges de Joigny. Puis vient une montée régulière dans la forêt de hêtres. De la cime, la vue est en enfilade sur le bassin chambérien et le lac du Bourget. À noter une curiosité géologique peu après les Granges : lorsqu'on attaque la grimpée vers le col, sur la roche affleurante qui borde le sentier, on peut voir une ammonite, l'empreinte d'un coquillage en spirale de quarante centimètres de diamètre.

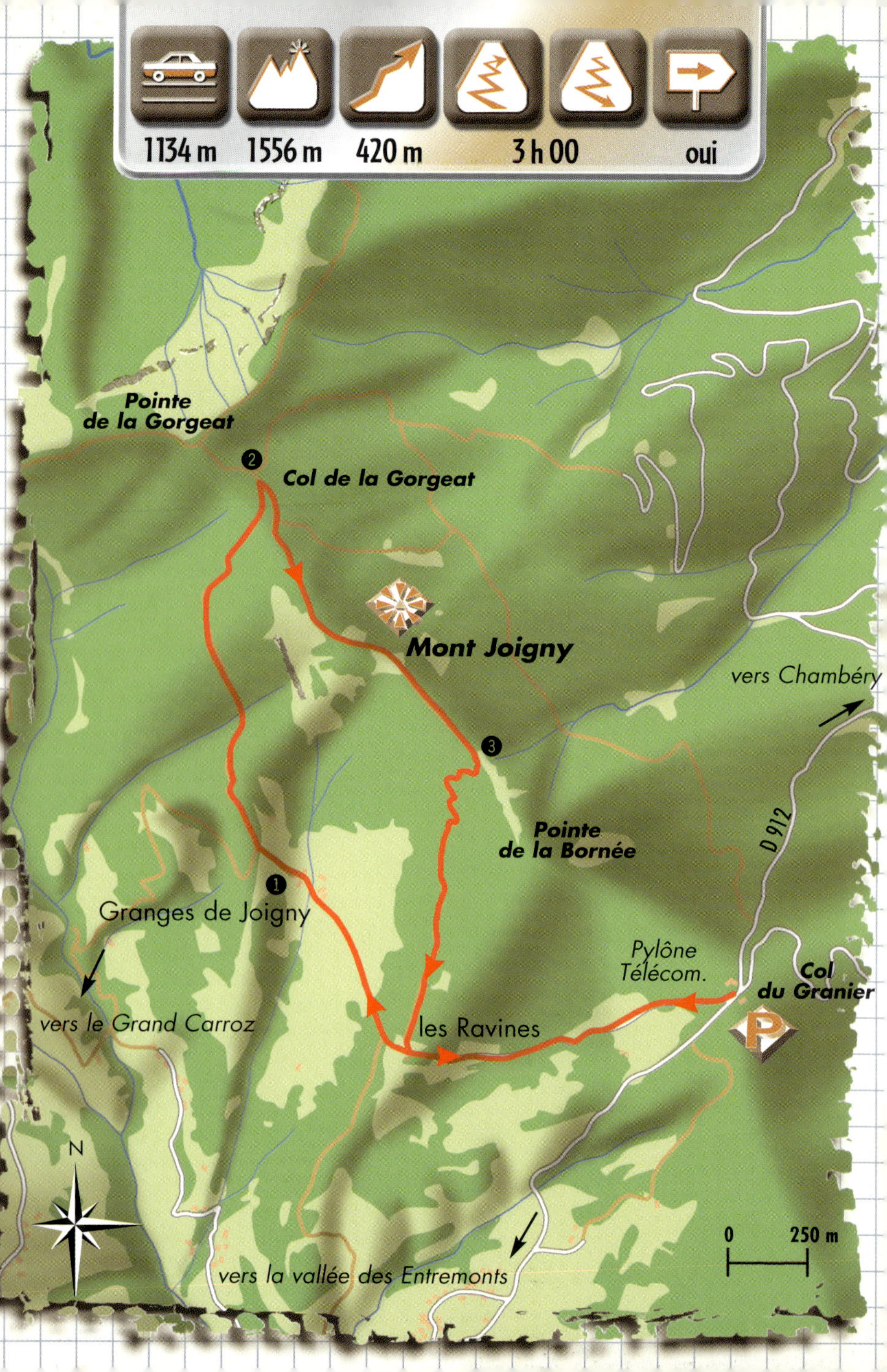

1134 m
1556 m
420 m
3 h 00
oui
Pointe de la Gorgeat
Col de la Gorgeat
Mont Joigny
vers Chambéry
Pointe de la Bornée
D 912
Granges de Joigny
Pylône Télécom.
Col du Granier
vers le Grand Carroz
les Ravines
N
0
250 m
vers la vallée des Entremonts

33 Le circuit du mont Joigny

La flore...

Arpenter la crête sommitale du mont Joigny dans une grande variété de paysages.

Accès : col du Granier. Quand on arrive de Chambéry, juste après avoir dépassé le panneau indiquant le col, se garer sur le terre-plein à droite de la route. C'est presque en face du bar et du magasin de souvenirs.
Difficulté : marcheur moyen.
Balisage : jaune.

Le massif préalpin de la Chartreuse se caractérise par de sombres forêts qui se hissent au-dessus des vallées et partent à l'assaut des versants, jusqu'à venir buter au pied des falaises d'un gris bleuté et en contrebas des herbages des plateaux sommitaux. C'est l'exubérance de la végétation. Et lorsqu'il y pleut, il y pleut beaucoup... Les paysages sont empreints d'un silence à peine dérangé par le souffle du vent dans les grands arbres. Depuis la cime du mont Joigny, la vue est saisissante sur la face nord du Granier. On peut voir la vallée des Entremonts et les autres cimes de la Chartreuse. Mais aussi le massif des Bauges, la Lauzière et une partie de Belledonne. À remarquer la cité de Montmélian au carrefour des vallées. Et bien-sûr, les vignobles d'Apremont, de Myans et de Chignin.

Suivre le chemin qui débute au terre-plein (panneau : pointe de la Gorgeat - mont Joigny). Il mène en 30 mn aux Granges de Joigny ❶.
Parvenu aux Granges, poursuivre sur le chemin au-delà des maisons. Après une centaine de mètres, arriver à une intersection. Laisser le chemin qui poursuit vers le Grand Carroz et prendre à droite (panneau : la Gorgeat).
Le sentier s'élève dans la forêt de hêtres et parvient au col de la Gorgeat ❷. Laisser à gauche la direction de la pointe de la Gorgeat et prendre à droite (panneau : Joigny). Le sentier poursuit en sous-bois. Il laisse un sentier à gauche (tour du mont Joigny) et se hisse dans une pente raide. Il parvient sur la cime où se trouve un petit pré.
Retour : la cime du mont Joigny forme une ligne de crête presque horizontale. Poursuivre dans la même direction par le sentier qui fait une succession de courtes montées et descentes. On découvre la face nord du Granier par-delà les arbres. Le sentier poursuit en sous-bois en contrebas de la ligne de crête. Il parvient à une intersection ❸. Laisser tout droit la direction de la pointe de la Bornée, et prendre à droite (panneau : col du Granier). Le sentier plonge dans la pente boisée en une longue descente. Il rejoint une piste plus large que l'on prend à main gauche. Cette piste va bientôt comporter une portion horizontale. Puis elle descend à nouveau et retrouve le chemin suivi à l'aller, au lieu-dit « les Ravines ». Prendre ce chemin à main gauche et revenir au col du Granier. Avec une vision grandiose sur la paroi du Granier.

... et la faune.

1096 m
1933 m
840 m
3 h 00
2 h 00
oui
N
Mont Granier
Balme à Colomb
Ruines
Passage des Barres
Granges du Priz
la Plagne
Fontaine
Col de l'Alpette
0
250 m

34 Le mont Granier

Tout Chambérien se doit d'avoir fait l'ascension du Granier. La grimpée demande un bon coup de reins et un peu d'acrobatie dans le passage des Barres.

Accès : de Chambéry, franchir le col du Granier. Dans la descente sur la vallée des Entremonts, après avoir traversé les Brancaz (3,5 km sous le col), prendre une route à gauche. Elle mène à la Plagne. Parking à droite du virage en épingle avant l'arrivée au hameau.
Difficulté : prudence dans le passage des Barres où des échelons scellés dans la roche permettent de franchir la falaise. Déconseillé si l'on craint le vertige.
Balisage : panneaux.

La paroi du Granier est née d'un éboulement colossal en novembre 1248. La montagne s'ouvrait en deux, elle engloutissait plusieurs villages et aurait fait des milliers de victimes. Pour la mémoire populaire, ce fut l'affaire des diables. Les moines d'un prieuré situé au pied de la montagne avaient été chassés par un conseiller du comte de Savoie. Celui-ci voulut fêter son installation au prieuré par un somptueux souper. Au milieu du repas, les invités perçurent un grondement sourd. Le Granier leur tombait sur la tête. Les roches étaient poussées par les démons. Les moines s'étaient réfugiés dans la chapelle de Myans où se trouvait la statue d'une Vierge noire. La Vierge leva la main pour protéger les religieux et les roches stoppèrent leur course au pied de la colline de Myans.

Le mont Granier.

Suivre la route jusqu'à la Plagne et traverser le hameau. On voit l'échancrure du col de l'Alpette marquée par un petit pré. C'est là-haut qu'on va grimper. Poursuivre par le sentier qui monte à ce col (après avoir laissé à gauche l'itinéraire par la grotte de la Balme). Au col de l'Alpette ❶, laisser le sentier qui descend vers le chalet de l'Alpette et prendre le sentier horizontal qui part à gauche dans les alpages. Il passe près d'un abreuvoir, s'élève et traverse un bosquet de pins. Il parvient au pied du passage des Barres ❷. Équipé de barreaux scellés, ce pas vertical permet de franchir la falaise pour atteindre le plateau supérieur. Le sentier traverse ce plateau, passe aux ruines de Fontaine Neuve et se dirige vers la crête bordant la falaise occidentale. Il va la suivre et parvenir à la cime. De là, descendre à vue vers la croix en bordure du gouffre de la face nord. Il y a beaucoup de vide.
Retour : du sommet, reprendre le même itinéraire qui longe la crête (sud). Ne pas prendre à droite un sentier qui plonge vers Tencovaz, mais poursuivre en ligne de crête. Quand l'itinéraire pris à la montée s'écarte vers la gauche, conserver le sentier en ligne de crête. Il s'insinue dans la falaise occidentale et la franchit par un couloir pentu. Puis il longe la base de la falaise (direction sud) et descend à la grotte de la Balme (ou Balme à Colomb) dont on peut traverser le vestibule ❸. Il dégringole dans les pierriers et dans la forêt. Parvenir aux Granges du Priz ❹ et rejoindre la Plagne par un bon chemin.

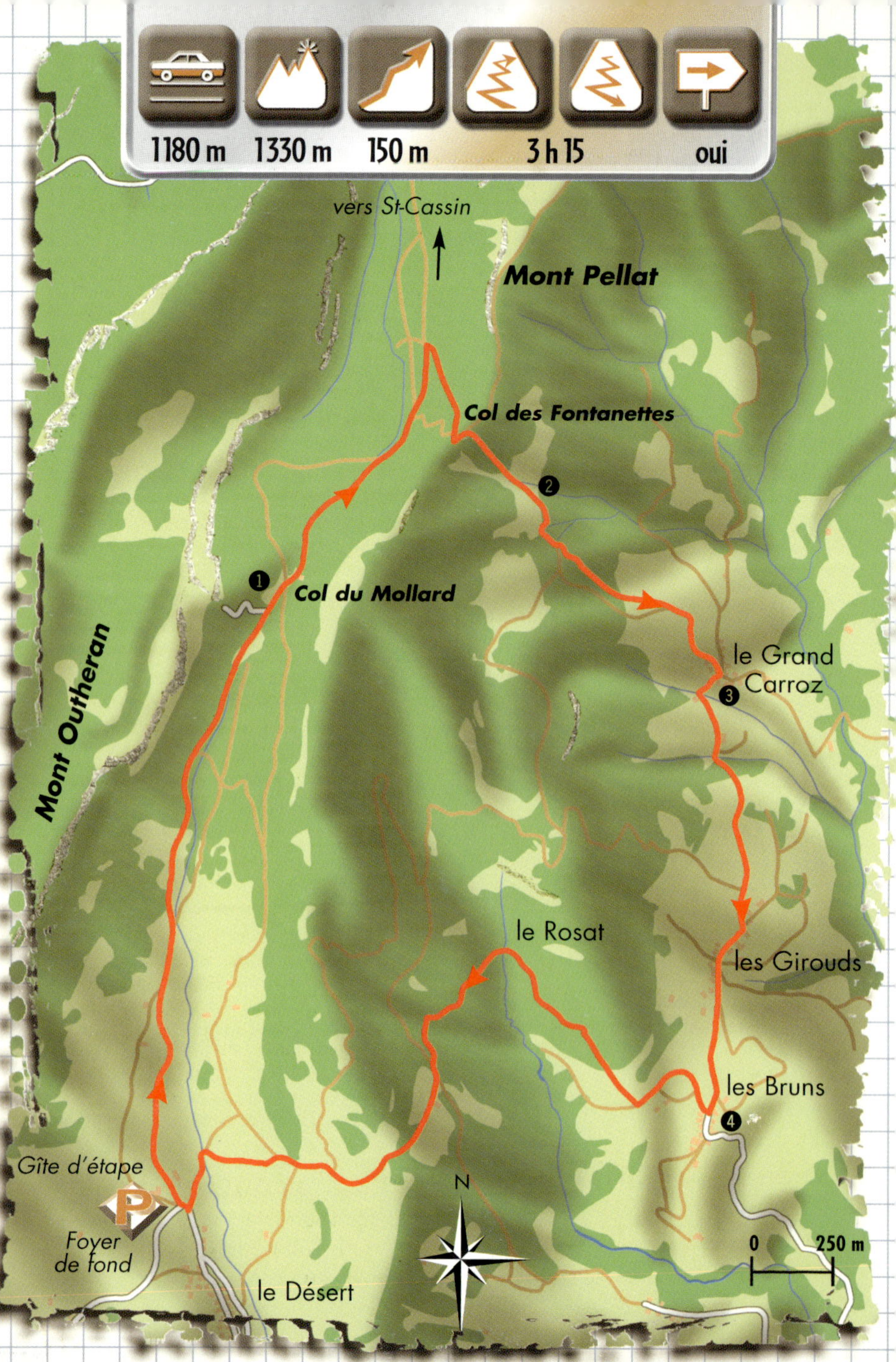
1180 m
1330 m
150 m
3 h 15
oui
vers St-Cassin
Mont Pellat
Col des Fontanettes
2
1
Col du Mollard
Mont Outheran
le Grand Carroz
3
le Rosat
les Girouds
les Bruns
4
Gîte d'étape
P
Foyer de fond
le Désert
N
0
250 m

35 Sur le Désert d'Entremont

Circuit assez long parmi les prés et les bois. Et parmi les hameaux…

Accès : foyer de fond du Désert d'Entremont. Parking en contrebas du gîte d'étape. Pour s'y rendre depuis Chambéry, aller à Entremont-le-Vieux par le col du Granier. Puis prendre à droite la direction du Désert d'Entremont.
Difficulté : marcheur moyen.
Balisage : jaune, puis jaune-rouge.

Du parking (panneau : col du Mollard), suivre la route (nord). Après 600 m, elle devient une piste. Elle longe en contrebas la falaise du mont Outheran. Laisser à gauche l'itinéraire grimpant sur ce mont. Parvenir au col du Mollard ❶. Poursuivre par la piste qui amorce la descente sur l'autre côté du col. Après 50 m, on peut prendre un raccourci (marques jaunes) et retrouver la piste qui poursuit sa descente. À une intersection, prendre le sentier à droite (panneau : col des Fontanettes). Il s'élève raide. Avant d'arriver en ligne de crête, prendre le sentier à gauche (panneau : Gorgeat) et parvenir au col des Fontanettes ❷. Laisser le sentier qui poursuit vers la Gorgeat. Prendre à droite celui qui mène au hameau du Grand Carroz (panneau). Il descend en lacets et retrouve d'autres chemins. Suivre les marques jaunes. Parvenir au Grand Carroz ❸. Retrouver une route que l'on suit vers les hameaux des Girouds et des Bruns. Aux premières maisons des Bruns ❹, face à un vieux grenier, prendre le chemin horizontal qui part à droite (jaune-rouge). Il fait une large boucle dans un pré et devient un sentier. Il grimpe et pénètre en sous-bois. Il va passer au-dessus d'une petite gorge, traverse le talweg et poursuit en versant opposé. Et toujours en sous-bois, après une nouvelle grimpée, il croise un autre chemin. Bien suivre jaune-rouge. Il parvient au plan du Bois où il longe deux maisons. Ultime grimpée. Retrouver les prés. Le chemin s'élargit et descend vers le foyer de fond.

La poésie de la Chartreuse.

La vallée des Entremonts possède une singularité dans son habitat. Sur les trois communes qui la composent, pas moins d'une cinquantaine de hameaux s'éparpillent à travers les versants. L'histoire de ces villages (on dit village plutôt que hameau) remonte au Moyen Age. À cette époque, les seigneurs de la vallée, les sires de Montbel, avaient eu une démarche intéressante. Ils avaient compris qu'en donnant des terres aux paysans, moyennant une redevance annuelle, le rendement allait être meilleur. C'était bénéfice pour eux. Et bénéfice pour les paysans eux-mêmes puisque les paysans devenaient propriétaires. Les seigneurs d'Entremont distribuèrent des lots de terre pour chaque famille. La première famille qui s'installait sur un site donnait son nom à sa nouvelle propriété. Et c'est ce nom que le hameau prenait par la suite.

SYMPA
Le musée de l'Ours et la fromagerie à Entremont-le-Vieux.

1060 m
1190 m
130 m
1 h 00
0 h 45
oui
Pointe du Frou
D 102a
les Reverdys
Grange du Lapilet
les Jolys
la Ruchère
les Chartreux
le Grand Village
0
250 m
N

36 La pointe du Frou

N'en déplaise, la pointe du Frou n'est guère pointue. C'est une proéminence au faîte d'une falaise vertigineuse. On marche en sous-bois, on ne s'y attend pas, on débouche soudainement au-dessus du vide.

Accès : la Ruchère que l'on atteint par la route qui va des Échelles à Saint-Pierre-d'Entremont. Elle pénètre dans les gorges du Guiers Vif. 4 km après Saint-Christophe-sur-Guiers, prendre à droite la D 102a qui grimpe à la Ruchère. Après le virage du hameau du Grand Village, parvenir au virage du hameau des Jolys (panneau). Continuer sur 100 m. Aux Chartreux, se garer sur un parking à gauche (depuis Chambéry, on peut également venir par le col du Granier).
Difficulté : en débouchant sur la pointe, on arrive en bordure d'une haute falaise. Prudence, surtout si l'on est accompagné d'enfants. Ne pas les laisser partir seuls devant soi.
Balisage : quelques panneaux.

Autrefois, lorsqu'on pénétrait dans les Entremonts depuis la plaine des Échelles dans l'Avant-Pays, on empruntait un chemin muletier qui s'enfonçait en rive gauche du Guiers Vif. Jusqu'au hameau des Sermes, ce chemin ne se risquait nullement dans les profondes gorges qu'avait creusées le torrent. Plus tard, la route qui fut aménagée se faufila dans ces gorges. En encorbellement au-dessus de 150 m de précipices, elle fut taillée à même la paroi. Le passage vertigineux a été baptisé le pas du Frou en souvenir des premiers voyageurs qui s'effrayaient à la vision du gouffre. Ils le trouvaient « affreux ». Ces voyageurs furent souvent des pèlerins en chemin vers le couvent de la Grande Chartreuse. Ils se hissaient vers la Ruchère. Parvenus au village, ceux qui étaient en armes étaient tenus de les déposer avant de poursuivre leur périple. Ils franchissaient le col et descendaient vers le monastère qu'ils apercevaient bientôt devant eux.

Descendre par la route jusqu'au virage du hameau des Jolys. Dans ce virage, prendre la petite route qui s'en va (nord) le long des maisons du hameau. Goudronnée sur une centaine de mètres, elle devient un chemin et poursuit en même direction. Aux dernières maisons (à gauche), un chemin débute derrière la deuxième maison et s'élève vers le bois. Il grimpe d'abord assez raide et parvient rapidement dans une clairière sur un replat. Prendre un chemin à droite (panneau : pointe du Frou). Suivre ce chemin toujours en sous-bois qui mène en bordure de la falaise à la pointe du Frou.
Retour : par le même itinéraire.

En arrivant à la cime.

1000 m
1646 m
650 m
2 h 30
2 h 00
oui
N
vers
St-Pierre-d'Entremont
le Château
Combe des Éparres
Forêt
des Éparres
Roches Rousses
Trou de la Fumée
Oratoire de Noirfond
Dent de l'Ours
Petit Som
Col
de Léchaud
Col de la Ruchère
Col de Bovinant
Habert de Bovinant
0
250 m

37 Le col de Bovinant

Les chèvres et les vaches passent l'été sur les alpages de Bovinant. Les chamois les narguent depuis les pentes escarpées au pied des falaises.

Accès : Saint-Pierre-d'Entremont. Hameau du Château. Aller jusqu'à l'extrémité de la route goudronnée au-delà du hameau.
Difficulté : bon marcheur. Sentier glissant par temps humide.
Balisage : jaune.

Cet itinéraire est simple. Il faut remonter le long vallon boisé et encaissé entre les versants. C'est une piste forestière, puis un sentier, toujours en sous-bois. Sur la gauche du vallon se dressent de hautes falaises. C'est le chaînon du Grand Som. Avec sa dent de l'Ours. On va passer à proximité du trou de la Fumée et près de l'oratoire de Noirfond où une croix des chartreux est gravée sur la roche. Parvenu au col parmi les alpages, on peut poursuivre jusqu'au habert (chalet) de Bovinant.
Retour : par le même itinéraire.
En faire plus : il est possible de continuer jusqu'à la cime du Petit Som. Prendre à droite le sentier qui s'élève dans la pente herbeuse des Roches Rousses. Il franchit un étroit passage en ligne de crête, puis descend sur le col de Léchaud (1 704 m) et gravit la courte pente herbeuse menant sur cette cime (1 772 m). Beau belvédère.

Les herbages de Bovinant.

Installés dans le massif depuis 1084, les moines de la Grande Chartreuse furent les maîtres des lieux, grâce à un travail à la force des bras et à la sueur du front. Avec la faux et la hache, ils créèrent des alpages où ils élevèrent leur bétail et où ils coupèrent des forêts pour alimenter leurs hauts-fourneaux en charbon de bois. Leur ancien territoire est jalonné d'oratoires et de bornes marquées de l'emblème de l'ordre. Des croix gravées dans la roche matérialisent ces limites. L'alpage de Bovinant fait partie des herbages qu'ils exploitèrent. Lorsque les gens de la Ruchère y découvrirent du minerai de fer, ils les chassèrent pour en tirer profit eux-mêmes. Dès le XIIIe siècle, ils possédaient des hauts-fourneaux à travers le Dauphiné et la Savoie. Ils inventèrent un nouveau procédé de fonte. Mais la métallurgie engloutissait les forêts. Colbert décida de limiter cette activité afin de protéger les arbres pour la fabrication des bateaux de la marine royale. Elle cessa lorsque les chartreux furent expulsés par la Révolution.

SYMPA

Au hameau du Château, découvrir les ruines du château des sires d'Entremont. Ces seigneurs connurent un parcours agité parce que leur fief était à cheval entre les terres de Savoie et du Dauphiné.

1042 m
1800 m
760 m
2 h 30
2 h 00
oui
les Varvat
St-Même d'en Haut
le Guiers Vif
Roche de Fitta
vers le col de l'Alpe
Vallon de Pratcel
Roche Blanche
Cirque de St-Même
le Fourneau
Habert de la Dame
Bornes frontières
l'Alpette
le Grand Manti
0
250 m
N

38 Le Grand Manti

Sur la bordure orientale de la Chartreuse, les hauts plateaux s'allongent du Granier à la dent de Crolles. C'est au-dessus du cirque de Saint-Même que se situent le habert de la Dame et les crêtes du Grand Manti.

Accès : hameau des Varvat que l'on atteint depuis Saint-Pierre-d'Entremont. À Saint-Pierre, prendre la route du cirque de Saint-Même puis prendre une route à gauche (panneau : les Bandet, les Grattier).
Difficulté : le sentier longe un instant la bordure supérieure du cirque de Saint-Même avec des passages au bord du vide. Grande prudence, surtout avec des enfants.
Balisage : panneaux.

SYMPA
Après la randonnée, un détour dans le cirque de Saint-Même s'impose.

Suivre le chemin (panneau : habert de la Dame). Il débute par une rampe assez raide. En sous-bois, il va en traversée plus ou moins horizontale dans le versant. Loin en contrebas, on aperçoit le fond du cirque de Saint-Même. Après une forte rampe, laisser un chemin qui descend à droite et poursuivre par la rampe dont la pente s'accentue encore. Le chemin devient sentier. Toujours en sous-bois, parvenir à une intersection ❶. Laisser à gauche (col de l'Alpe) et prendre à droite (habert de la Dame). Le sentier continue sa grimpée. Parvenir sur le plateau dont on va longer un instant la bordure. On passe au bord de la falaise. La vue est verticale sur le fond du cirque. Grande prudence. Franchir une clôture. Peu après, bien prendre le sentier de gauche. Il poursuit par un talweg et parvient à une intersection ❷ avec un panneau (alpette de la Dame : 1 540 m). Laisser à gauche (col de l'Alpette) et prendre à droite (habert de la Dame). Le sentier parvient très vite au habert (chalet). Puis il part en traversée et rejoint une croupe herbeuse ❸. On découvre la première borne. Il suffit de monter le long de la croupe où se succèdent quatre autres bornes. Parvenir sur les crêtes d'où l'on domine le Grésivaudan. Panorama sur les cimes de Belledonne qui s'alignent en rive opposée de la vallée de l'Isère.
Retour : par le même itinéraire.

En Chartreuse, le habert est le nom que l'on donne à un chalet d'alpage. La dame s'appelait Marie-Charlotte de Romilly. En 1694, elle avait vendu les alpages aux religieux de la Grande Chartreuse. Quant aux bornes frontières, elles marquent une grande page d'histoire. Durant des siècles s'était posé le problème de la frontière entre la Savoie et la France. En lutte perpétuelle, les comtes et les dauphins se contestaient mutuellement les limites de leur territoire. Pour les définir matériellement sur le massif de la Chartreuse, une série de bornes furent placées en 1822, dont une vingtaine sur les hauts plateaux. On en découvre quelques-unes en remontant la longue bande herbeuse du habert de la Dame. Hautes de 80 cm, numérotées et datées, elles ont été taillées dans la pierre. Sur la face qui regarde le Dauphiné est sculpté le lys des rois de France. Sur la face qui regarde le duché figure la croix de Savoie.

Une borne marquant la frontière.

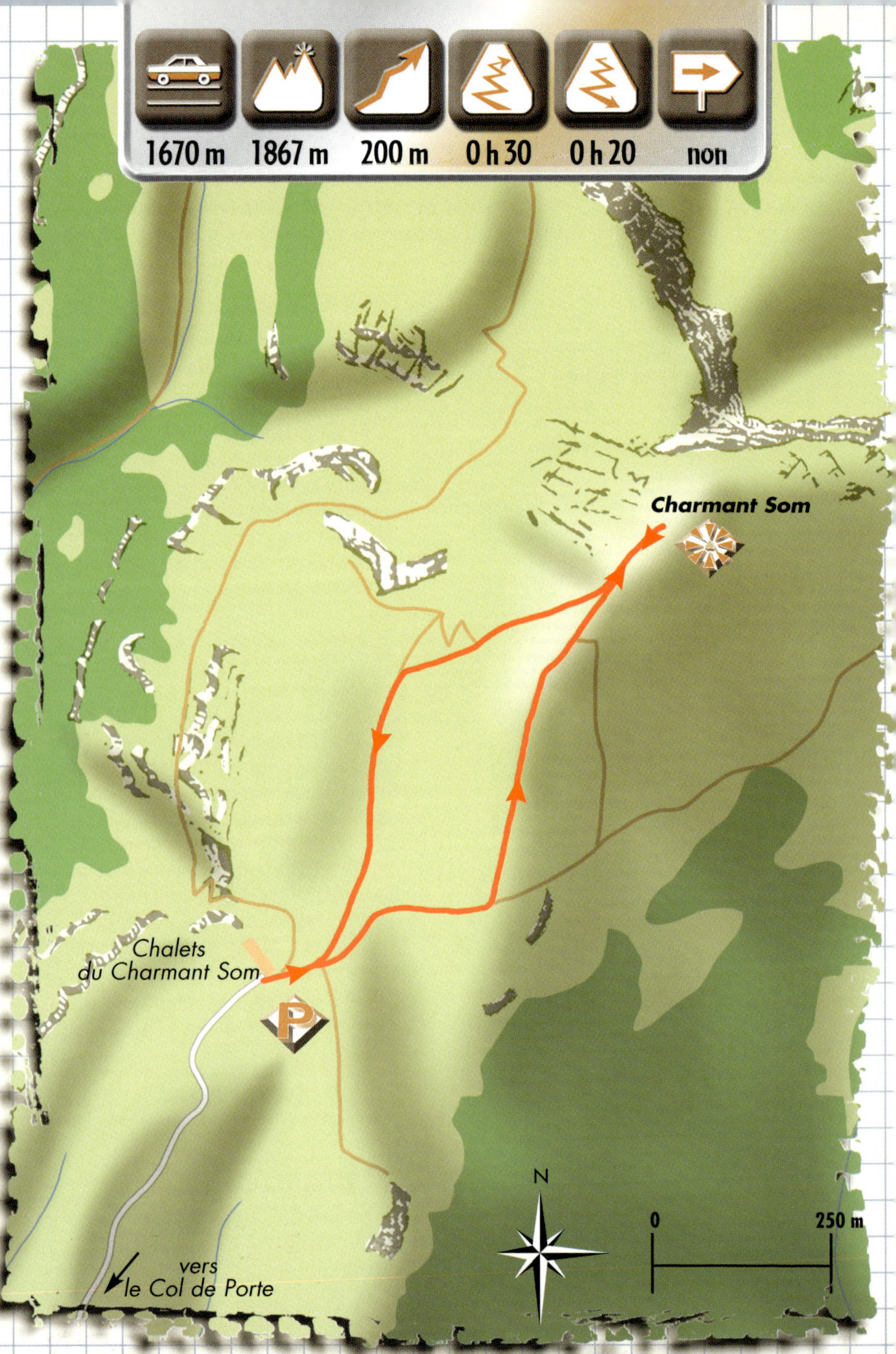
1670 m
1867 m
200 m
0 h 30
0 h 20
non
Charmant Som
Chalets
du Charmant Som
N
0
250 m
vers
le Col de Porte

39 Le Charmant Som

Petite balade permettant d'accéder sur un sacré belvédère.
Et c'est l'itinéraire le plus court pour atteindre ce sommet de Chartreuse.

Accès : pour aller depuis Chambéry sur les alpages du Charmant Som, le mieux est de se rendre à Saint-Pierre-de-Chartreuse. Puis prendre la direction du col de Porte. Au col, prendre à droite la route qui mène en 6 km jusqu'à ces alpages. Parking.
Difficulté : facile.
Balisage : sans.

SYMPA
Il y a une petite auberge dans les bâtiments de l'alpage.

Prendre le sentier qui part sur la droite des chalets et qui va chercher la croupe herbeuse menant au sommet. Atteindre une première cime, traverser une petite dépression et parvenir à la croix qui marque le point culminant.
Retour : par le même itinéraire. On peut également prendre un sentier qui part à droite de la dépression entre les deux cimes.
Il descend et rejoint les prairies, puis ramène vers les chalets.

Parce que l'ascension se limite à la brève grimpée d'une croupe herbeuse, vous ne serez certainement pas seul dans le coin. C'est une sortie prisée par les Grenoblois. Quoi qu'il en soit, l'endroit ne manque pas de charmes. Mais le toponyme « Charmant » possède une autre signification. Il provient du latin chalma *qui désigne un lieu couvert de prairies. Quant au toponyme « Som », il désigne simplement un sommet. Vous le retrouvez dans le nom de deux cimes proches : le Petit et le Grand Som. Si vous venez en été, vous verrez un alpage en pleine activité. Avec les vaches, l'odeur de l'herbe et le chant des clarines. De la cime, vous découvrirez un large panorama. Notamment sur la chaîne de Belledonne qui aligne ses sommets en rive opposée du Grésivaudan.*

Les vaches et le Charmant Som.

Yenne : le pont sur le Rhône.

Vers l'Épine, l'Avant-Pays et la Chautagne

560 m
915 m
360 m
2 h 30
oui
St-Sulpice
D 916
les Michetons
Voie sarde
1
2
Col du Crucifix
3
Col St-Michel
N
0
250 m

40 Les voies anciennes de l'Épine

De vieilles pierres qui rappellent un riche passé.

Accès : parking devant l'église de Saint-Sulpice. On atteint ce village depuis Chambéry en passant par Cognin et en suivant la D 916 qui mène au col de l'Épine.
Difficulté : marcheur moyen.
Balisage : jaune jusqu'au col Saint-Michel, puis jaune-rouge.

Quand il se dirigeait de la France vers la Savoie, le voyageur franchissait le chaînon de l'Épine. Il pouvait suivre le défilé des Échelles ou gravir la montagne par les mauvais chemins. Le col Saint-Michel fut utilisé dès l'époque romaine. Le tracé prenait le chaînon en écharpe afin d'éviter les virages, casse-tête pour les transports de l'époque. Sur le col devait exister un autel dédié à Jupiter. Plus tard, il y eut une chapelle consacrée à saint Michel et un hospice où des moines aidaient les passants dans leur périple. Au XVIe siècle, la traversée fut assurée par des porteurs qui promenaient les voyageurs sur des chaises archaïques. Vers 1730, ce col fut délaissé au profit du col du Crucifix où un ingénieur du roi de Piémont avait fait aménager une voie aux lacets réguliers, avec un dallage et des murs de soutènement aujourd'hui bien conservés. À noter le sarcophage de pierre du col Saint-Michel. Il aurait contenu la dépouille de saint Germain, l'évêque d'Auxerre mort à Ravenne en 448.

Du parking, continuer par la route horizontale devant l'église. Après 100 m, cette route passe devant une maison et devient un chemin assez large. Celui-ci s'élève dans les prés. À un moment, il laisse un chemin à droite et tourne à gauche en passant devant une grange. Il traverse un sous-bois. Bien suivre le balisage. Il parvient sur le replat du hameau des Michetons. Rejoindre le chemin qui vient du hameau et prendre celui-ci à main droite (panneau). Il va contre le versant. Laisser un chemin qui descend à gauche, et poursuivre (panneau). On entre en forêt. Parvenir à une intersection ❶. Laisser le sentier qui continue en même direction (c'est la voie romaine du col Saint-Michel par laquelle on reviendra), et prendre à droite. C'est la voie sarde qui se hisse en lacets réguliers (pavage et murs de soutènement) et mène au col du Crucifix ❷. En parvenant au col, pour aller au col Saint-Michel, environ 20 m avant l'autel surmonté d'une croix, prendre à gauche. Ce sentier s'en va en ligne de crête. Un peu plus loin, bien prendre à gauche. À deux reprises, on va bénéficier d'un point de vue sur le lac d'Aiguebelette. Puis le sentier descend sur la dépression du col Saint-Michel ❸. Fondations de la chapelle et sarcophage. Sur ce col, prendre le sentier qui part à gauche (jaune-rouge). Il descend dans un talweg en sous-bois. À une intersection, prendre à gauche (panneau : Saint-Sulpice). Ce sentier part (nord) en écharpe dans le versant. À un moment, laisser un sentier à droite qui descend sur Vimines. Plus loin, retrouver le départ de la voie sarde et l'itinéraire pris à l'aller.

La voie sarde du col du Crucifix.

1080 m
1458 m
380 m
1 h 45
1 h 30
oui
Croix du Signal
le Puits Vissoud
2
Château Richard
Table d'orientation
1
Échelles de Château Richard
Parking de Barbiset
P
N
0
250 m
vers le col de l'Épine

41 La croix du Signal

Parcours en sous-bois sur le chaînon de l'Épine. Avec des échelles pour franchir la falaise.

La croix gravée.

Accès : aller au col de l'Épine (par Saint-Sulpice depuis Chambéry). Poursuivre sur 500 m après le col et prendre à droite la route forestière de Pré-Puisat. La suivre jusqu'à son terminus. Parking de Barbiset (ou de la combe d'Armée).
Difficulté : glissant par temps humide.
Ceux craignant le vide suivront le sentier qui évite les échelles.
Balisage : jaune.

Prendre le chemin qui débute à gauche en arrivant au parking (panneau : Château Richard - croix du Signal). Ce large chemin part d'abord vers la gauche, faisant une boucle pour contourner un talweg qui se creuse à sa droite. À l'intersection, prendre à droite. Le chemin assez large s'élève en sous-bois. Il traverse une piste et continue sa grimpée. Parvenu à la Table des Princes (panneau), laisser à gauche la direction de Novalaise. Et au-dessus, laisser à droite le sentier (plus facile) qui contourne la falaise. Garder celui qui se hisse jusqu'au pied de la falaise. Il la longe un instant en passant près d'une source. Il arrive à la première échelle. Celle-ci est suivie d'un passage escarpé (équipé) et de deux autres petites échelles. Parvenir au belvédère avec table d'orientation ❶. Puis le sentier s'élève en sous-bois. Au lieu-dit « Château-Richard » à 1 370 m (panneau), laisser un itinéraire à droite (on le prendra au retour). Le sentier franchit un bombement et descend sur un carrefour ❷ où se trouve une pierre gravée d'une croix (panneau). Traverser ce carrefour et poursuivre tout droit. Toujours en sous-bois. Plus loin, trouver un sentier qui part à droite et mène à la croix du Signal qu'on aperçoit entre les arbres.

Retour : revenir à l'intersection du lieu-dit « Château Richard ». Prendre à gauche le sentier qui contourne la falaise en évitant les échelles. Il descend en lacets et ramène à l'intersection en contrebas des échelles où il retrouve l'itinéraire pris à l'aller.

Quand on débouche au sommet des échelles de Château-Richard, on atteint un belvédère aménagé d'une table d'orientation. Au pied de la falaise s'étale la forêt que l'on vient de traverser. De part et d'autre du chaînon où l'on est perché, on contemple à la fois le bassin de Chambéry, le lac du Bourget et le lac d'Aiguebelette. Ce sont aussi le mont Blanc, les Bauges, la Lauzière… Vers la Vanoise, les connaisseurs sauront repérer la Grande Casse et le mont Pourri. Plus au sud, ce sont la chaîne de Belledonne, l'Étendard, les Grandes Rousses ainsi que le Vercors. Le massif de la Chartreuse est proche. Le Granier et le mont Outheran semblent à portée de main. Puis l'on effectue une marche en forêt pour parvenir au Signal. La grande croix est plantée en bordure du plateau et regarde la cluse de Chambéry-Aix. Dans le prolongement du chaînon vers le nord, on aperçoit le relais de télévision et la dent du Chat.

Première neige au Signal.

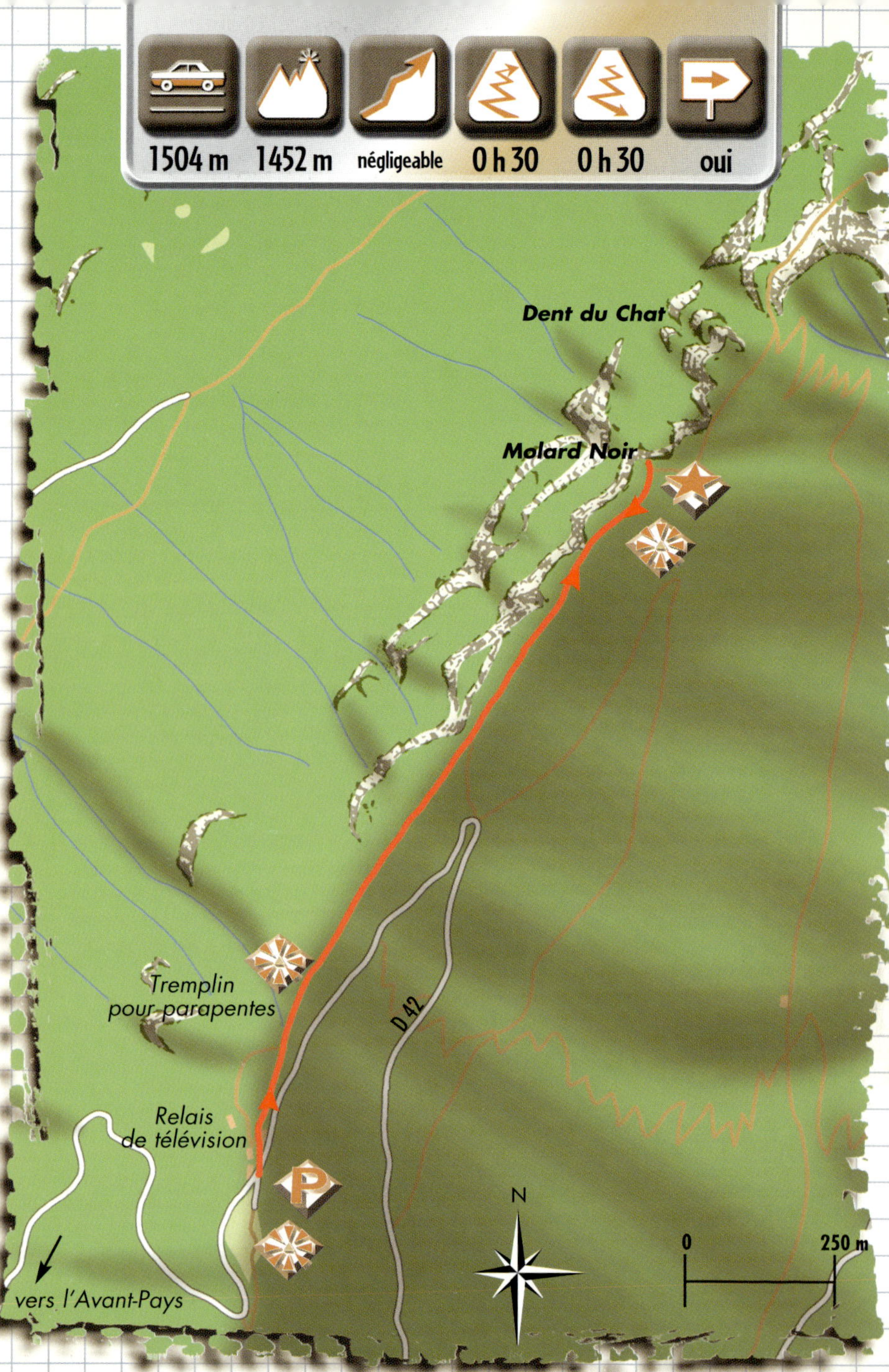

1504 m
1452 m
négligeable
0 h 30
0 h 30
oui
Dent du Chat
Molard Noir
Tremplin pour parapentes
D 42
Relais de télévision
N
0
250 m
vers l'Avant-Pays

42 Le Molard Noir

En ligne de crête sur le mont du Chat, le Molard Noir est un grandiose belvédère sur la cluse chambérienne, le lac du Bourget et l'Avant-Pays.

Accès : dans le bourg du Bourget-du-Lac, à hauteur de la mairie, prendre la D 42 qui se hisse dans le versant du mont du Chat et vient en ligne de crête à proximité du relais de télévision. On peut également arriver par le versant opposé depuis l'Avant-Pays savoyard, après avoir franchi le tunnel du Chat. Parking en bordure de la route. Bar ouvert à la belle saison et tables pour le pique-nique.
Difficulté : le sentier longe des précipices sur la bordure qui regarde à l'ouest. Prudence. Ne pas laisser les enfants partir seuls devant soi. Continuer d'être vigilant sur le Molard Noir d'où l'on domine un grand vide.
Balisage : jaune.

Il faut privilégier la promenade lorsque le temps est clair afin de contempler les panoramas que détaillent deux tables d'orientation. L'une regarde vers l'est en direction du massif des Bauges et de la chaîne de Belledonne. La cluse de Chambéry-Aix et le lac du Bourget s'étalent au pied du mont du Chat. Le mont Blanc préside en arrière-plan. L'autre table regarde vers l'ouest en direction de l'Avant-Pays savoyard. Au sud se dessinent les sommets de la Chartreuse avec le Granier en figure de proue. Il est étonnant de constater qu'on se trouve en position plus haute que la dent du Chat très proche, bien plantée et séparée du Molard Noir par une assez profonde dépression. À noter qu'en automne, on peut avoir la chance de découvrir une mer de nuages qui s'étale sur la cluse de Chambéry et sur l'Avant-Pays. Les nues font comme des vagues. Les montagnes deviennent des îles. Ne pas oublier l'appareil photo.

Au sommet du Mollard Noir.

Du parking, prendre le sentier qui débute à l'extrémité des maisons de bois (panneau : Molard Noir - dent du Chat). De direction générale nord-est, ce sentier s'en va dans le taillis. Au départ, il passe à proximité d'un tremplin d'envol pour parapentes (côté ouest) d'où l'on découvre un panorama vers l'Avant-Pays savoyard. Il parvient au Molard Noir où sont installées les tables d'orientation.
Retour : par le même itinéraire.

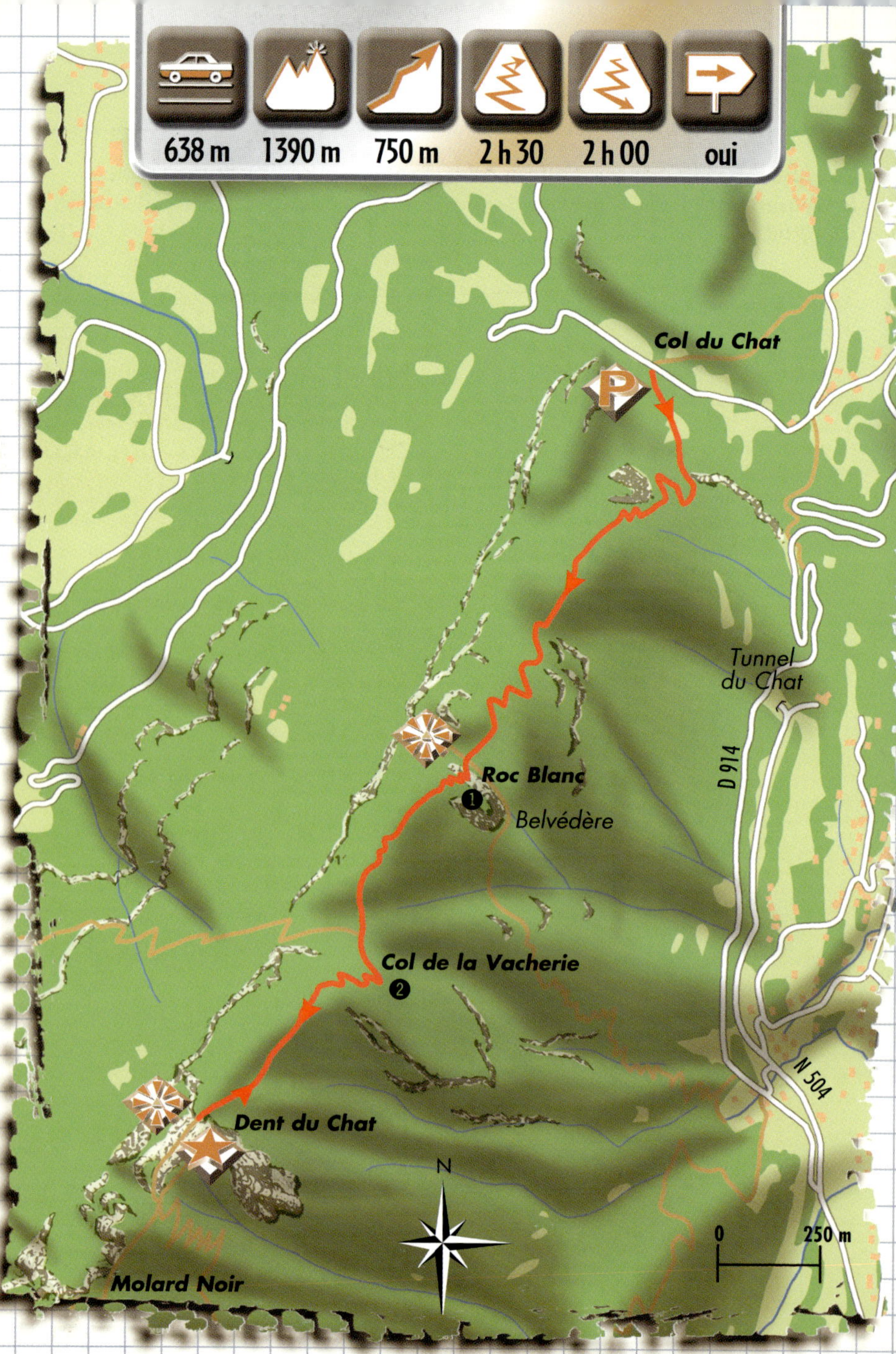
638 m
1390 m
750 m
2 h 30
2 h 00
oui
Col du Chat
Tunnel du Chat
D 914
Roc Blanc
1
Belvédère
Col de la Vacherie
2
N 504
Dent du Chat
N
0
250 m
Molard Noir

43 La dent du Chat

Sur le mont du Chat qui s'étire en bordure ouest du lac du Bourget, la dent réserve un panorama exceptionnel.

Accès : col du Chat. Pour s'y rendre, suivre la N 504 qui passe devant le Bourget-du-Lac et qui poursuit vers le tunnel du Chat. Avant d'arriver au tunnel, prendre à gauche la D 914 qui mène au col du Chat. Parking sur la gauche juste avant le col.
Difficulté : déconseillé si l'on n'a pas le pied montagnard et si l'on craint le vide. Une petite corde peut être utile avec des enfants... à condition de savoir s'en servir.
Balisage : jaune.

Assis dans une barque sur le lac, un pêcheur attendait en vain. Pour conjurer le sort, il se promit de rendre la liberté à sa première prise. Par ce geste généreux, il espérait être récompensé. La providence l'entendit, mais le pêcheur oublia sa promesse, garda le poisson et lança à nouveau sa ligne. Il eut une telle prise que la barque faillit chavirer ; il retira des eaux un chaton tout mouillé. Il mit l'animal dans sa poche et rentra. Le chaton grandit, devint un chat adulte. Et continua de grandir. Puis il quitta la maison du pêcheur et grimpa dans la montagne. Perché sur un piton rocheux, il terrorisait les voyageurs franchissant le col. Il fallut l'arrivée des compagnons du roi Arthur pour être enfin débarrassé de l'horrible bête. Bérius et Mélianus prirent l'affût près d'un piège où ils avaient attaché un agneau vivant. Et ils transpercèrent le matou de leurs flèches. Après quoi, les deux chevaliers s'installèrent dans la région. Bérius fonda Chambéry, Mélianus fonda Montmélian...

La dent du Chat vue du Mollard Noir.

Au col, s'engager sur le chemin qui débute à gauche de la route (panneau). Après 200 m, ce chemin parvient sur un replat. Continuer par le sentier qui le prolonge. Il se hisse (assez raide) dans le versant boisé. Parvenir sur un premier palier. Le sentier continue en une succession de montées et de replats. Puis il amorce une raide grimpée en contrebas d'une paroi, se hissant sur sa droite pour parvenir sur son faîte (1 012 m). C'est le Roc Blanc ❶. Un panneau indique le belvédère à 150 m à gauche. Vue sur le lac, Aix et Chambéry, sur le Mont-Blanc, les Bauges, Belledonne et la Chartreuse. Revenir et reprendre le sentier qui suit la croupe boisée (hêtres). Il va faire une courte descente sur le col de la Vacherie ❷. Et à nouveau en montée jusqu'au pied de la dent du Chat. Le sentier longe la base de la paroi ouest (versant Avant-Pays) et parvient sur le collet situé entre la dent et le Molard Noir (panneau). Laisser le sentier qui poursuit vers le Molard Noir et contourner la dent en tirant sur la gauche. Parvenir au pied de l'itinéraire qui se hisse dans les escarpements, parmi la roche, la terre et l'herbe. C'est sur le versant sud-est de la dent (côté lac). S'aider des mains pour certains passages. Les derniers mètres dominent un grand vide sur le versant ouest.
Retour : par le même itinéraire.

416 m
537 m
120 m
1 h 30
oui
N 6
Tunnel des Échelles
Grotte des Échelles
Monument
Voie sarde
le Villard
la Grotte
D 46
Pont St-Martin
Pont Romain
vers St-Christophe-sur-Guiers
Gorges de l'Échaillon
Belvédère
le Guiers Vif
N
0
250 m

44 La Voie sarde des Échelles

Le défilé des Échelles constituait l'une des portes de la Savoie. Ce canyon en a vu passer du monde !

Accès : de Chambéry, prendre la N 6 en direction des Échelles. Environ 1 km après le tunnel (juste après la grande cheminée), prendre à gauche la D 46 qui mène à Saint-Christophe-la-Grotte. Passer devant l'église et poursuivre par la D 46 sur 1 km jusqu'au lieu-dit « Pont Saint-Martin ». Parking à gauche près d'un bassin couvert.
Difficulté : facile.
Balisage : panneaux.

L'itinéraire se découpe en deux parties.

1 : Poursuivre par la route (panneau : pont Romain). Après 200 m, parvenir au pont que l'on dit romain. Ne pas franchir le pont routier sur le Guiers Vif, mais prendre à gauche le passage sous la roche. À noter les blasons de la Savoie et de la France gravés dans la roche. Franchir le pont romain ❶ et s'engager à gauche par le sentier taillé au-dessus du torrent. Ce sont les gorges de l'Échaillon. Aller jusqu'au belvédère dominant le torrent ❷. Puis revenir au parking du départ.

2 : Parvenu au parking, poursuivre en même direction par la route (panneau : Voie sarde). Environ 50 m après l'extrémité du parking, prendre le large chemin qui part à droite (panneau). D'abord goudronné, ce chemin passe devant deux maisons et parvient au pied de la falaise. En pente douce, il grimpe une rampe (celle construite par Charles-Emmanuel) et il s'engage dans le défilé. À son entrée se trouve le monument dédié au souverain ❸. Plus loin, longer le canal pour l'écoulement des eaux. Aller jusqu'à l'entrée de la grotte. On peut poursuivre jusqu'à l'extrémité du défilé ❹, là où la route nationale pénètre dans le tunnel.
Retour : par le même itinéraire.

Un monument... monumental.

Dans le canyon s'ouvre une grotte d'où surgissait l'eau par fortes pluies. Le flot déferlait et compliquait la circulation des hommes. Les Romains avaient résolu le problème. Dans les escarpements au débouché sur la plaine, ils avaient aménagé une sorte d'escalier qui brisait l'ardeur des eaux. Les chars pouvaient circuler grâce à des ornières creusées dans les marches pour diminuer l'effet chaotique au passage des roues. C'est de cet escalier que la ville des Échelles tient son nom. Au Moyen Age, la voie fut délaissée au profit du col Saint-Michel situé plus au nord sur la crête de l'Épine (itinéraire n° 40). Au XVIIe siècle, Charles-Emmanuel II fit entreprendre de grands travaux. Les eaux intempestives furent canalisées. La forte pente à la sortie du défilé fut adoucie par l'aménagement d'une rampe le long de la paroi. Puis le souverain fit élever un monument à la gloire de cette Voie sarde et à sa gloire personnelle. Quant au tunnel voisin, c'est Napoléon qui ordonna son creusement afin d'améliorer à son tour le passage… Et surtout le passage de ses futures armées en route vers l'Italie.

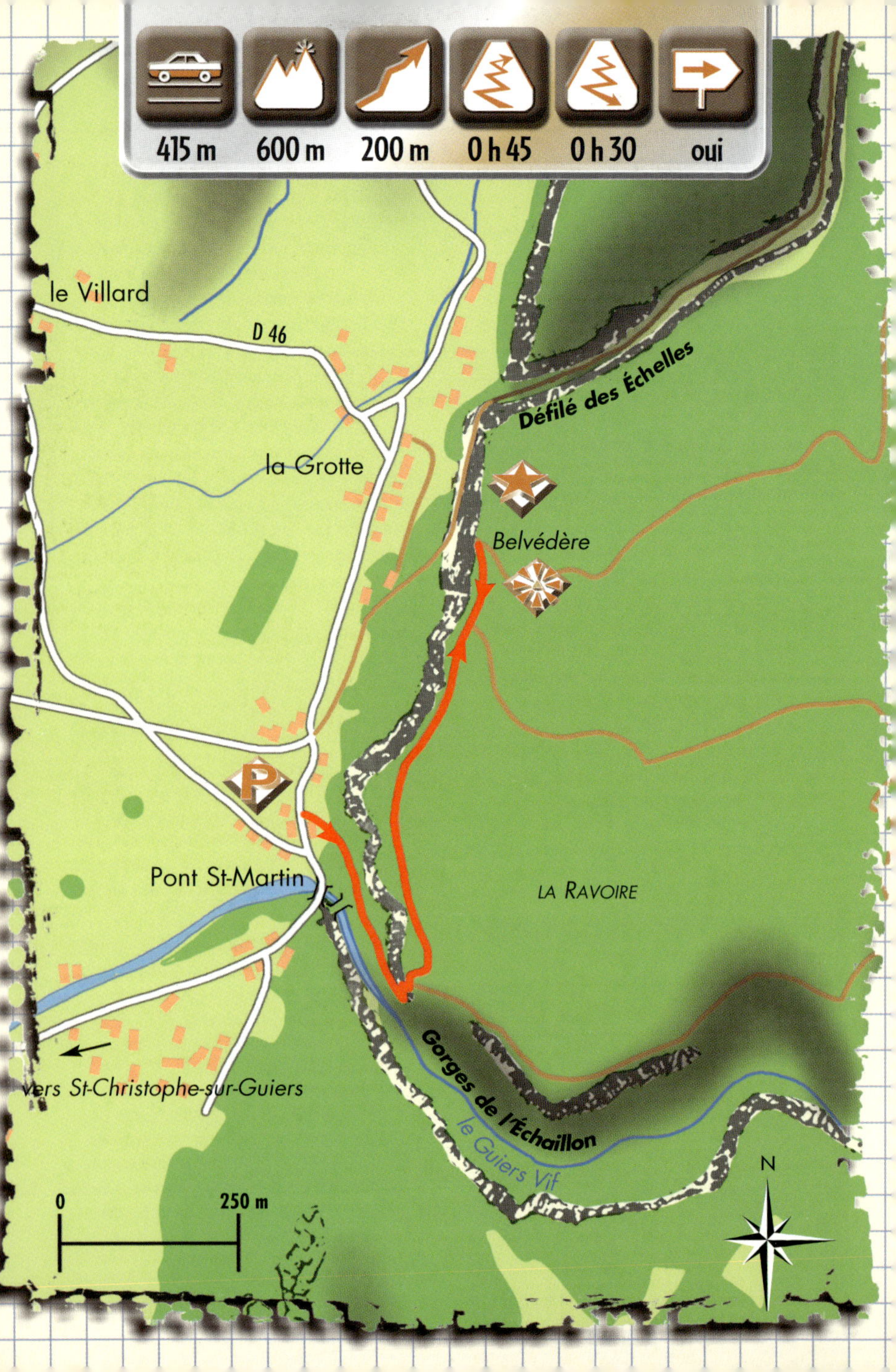

415 m
600 m
200 m
0 h 45
0 h 30
oui
le Villard
D 46
la Grotte
Défilé des Échelles
Belvédère
Pont St-Martin
LA RAVOIRE
vers St-Christophe-sur-Guiers
Gorges de l'Échaillon
le Guiers Vif
0
250 m
N

45 Un belvédère sur l'Avant-Pays

Comme un balcon pour contempler les lointains vers l'Avant-Pays.

Accès : de Chambéry, prendre la N 6 en direction des Échelles. Environ 1 km après le tunnel (tout de suite après la grande cheminée), prendre à gauche la D 46 qui mène à Saint-Christophe-la-Grotte. Passer devant l'église et poursuivre sur 1 km par la D 46 jusqu'au lieu-dit « Pont Saint-Martin ». Parking à gauche près d'un bassin couvert.
Difficulté : beaucoup de vide en longeant la bordure supérieure de la falaise.
Balisage : jaune.

C'est un plateau qui surplombe de sa haute falaise la plaine des Échelles. C'est un belvédère vers l'Avant-Pays. Avec le damier des prés et des cultures aux mille nuances d'ocres et de verts. Avec les villages et le clocher de Saint-Christophe. On entend monter les bruits : un enfant qui appelle, un chien qui aboie, une cloche qui sonne… Le mieux est de venir en soirée pour jouir du coucher du soleil. Au pied de la falaise passe l'ancienne voie que l'on dit sarde (voir itinéraire n° 44). La région occupait une position frontière avec la France. Des cités étaient construites à cheval entre les deux pays, séparées par le cours du Guiers et reliées par des ponts où une borne de pierre marquait cette frontière. Telles les villes des Échelles et d'Entre-Deux-Guiers. Et celle de Pont-de-Beauvoisin. Ce fut un terrain de repli pour le célèbre Mandrin. Le brigand bien-aimé avait des relations dans le coin…

Le pont que l'on dit romain.

Prendre le sentier qui débute à droite du bassin couvert (panneau : belvédère de l'Échaillon). Celui-ci s'élève dans le versant. On voit le Guiers et le pont Saint-Martin en contrebas. Puis laisser un sentier qui continue tout droit et prendre à gauche. Notre sentier vient sous une petite falaise qu'il va longer. Sur la droite en contrebas, on peut voir l'entrée des gorges de l'Échaillon. Puis il s'élève dans un escarpement rocheux. Des escaliers sont taillés dans la roche. Parvenir à une intersection. Laisser à droite la direction du parking des Charmilles, et prendre à gauche (panneau : belvédère : 25 mn). Le sentier poursuit sa grimpée et vient sur le plateau. Il traverse une piste (suivre les marques jaunes). Petite montée dans les taillis. Laisser à gauche une aire d'envol pour les parapentes, puis laisser un sentier à droite. Le nôtre vient longer la bordure de la falaise. À une intersection, ignorer à droite un chemin qui mène au parking des Charmilles. Et en deux minutes, parvenir au belvédère après avoir laissé un chemin qui poursuit à droite.
Retour : par le même itinéraire.

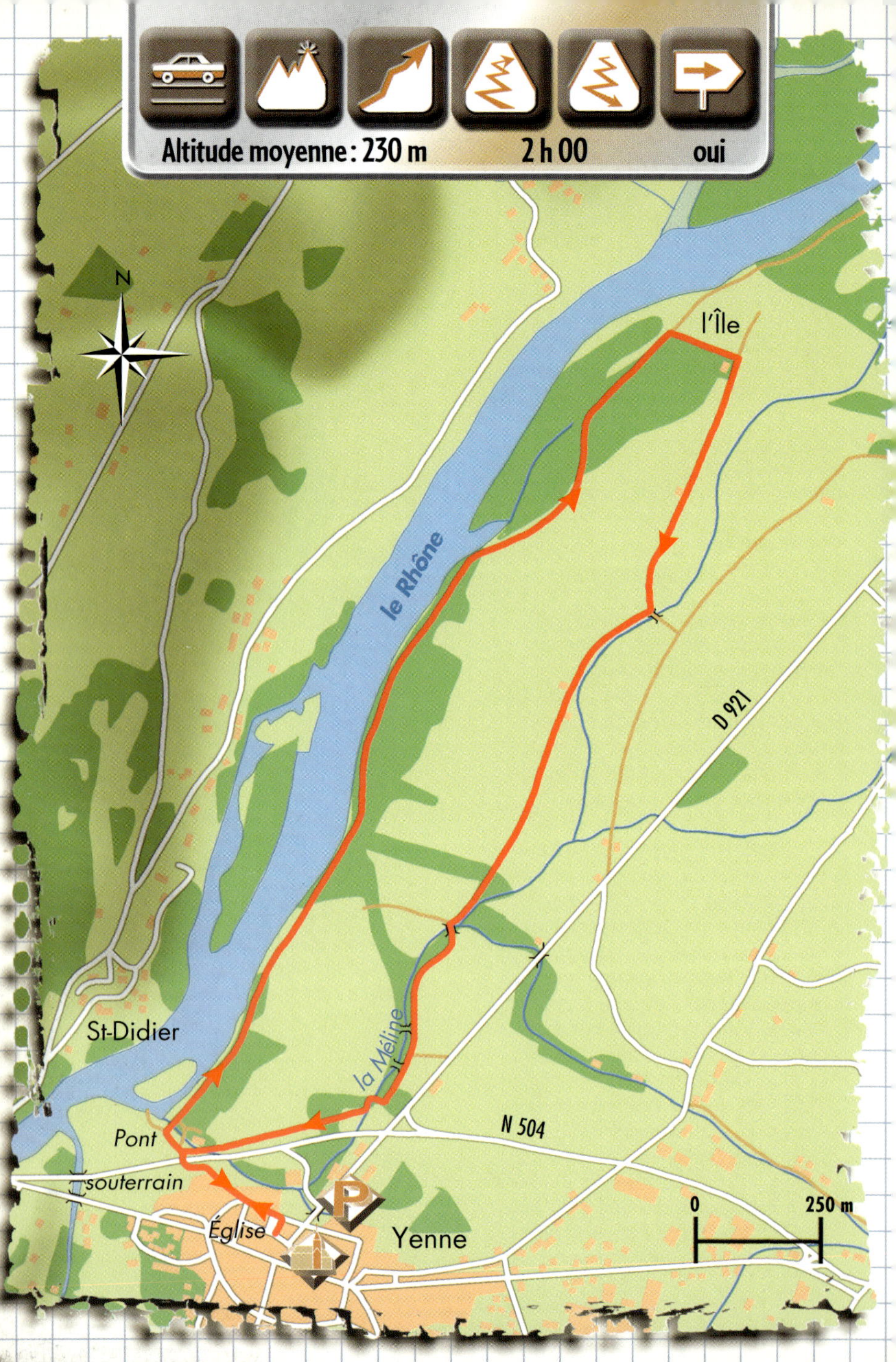
Altitude moyenne : 230 m
2 h 00
oui
N
l'Île
le Rhône
D 921
St-Didier
la Méline
N 504
Pont
souterrain
Église
Yenne
0
250 m

46 Les berges du Rhône

Balade sur les rives du fleuve, juste en amont du défilé de Pierre-Châtel où s'engouffre le flot.

Accès : se rendre à Yenne par la N 504 et par le tunnel du Chat. Se garer sur le parking à l'arrière de l'église (place des Vieux-Moulins).
Difficulté : l'itinéraire est entièrement plat. Ce qui est rarissime en Savoie. Attention, les berges sont dangereuses. Bien surveiller les enfants.
Balisage : blanc-rouge puis jaune.

SYMPA

Le tombeau de Boisson sur l'autre rive du Rhône. Franchir le pont suspendu. Après 200 m, un sentier part à gauche de la route et mène au tombeau creusé dans la roche. Pierre Boisson avait fait fortune au Mexique en qualité de dentiste. Il revint finir ses jours au pays natal. Il se fit enterrer sur l'autre rive du fleuve parce qu'on ne voulait pas de ses idées franc-maçonnes à Yenne.

Le Rhône a longtemps marqué la frontière entre la Savoie et la France. À présent, il sépare les départements de l'Ain et de la Savoie. En ces lieux, comme sa pente s'est adoucie, il en a profité pour élargir son lit. Il a créé de multiples bras latéraux que les gens du pays appellent des « lônes » et qui forment parfois des îles. Celles-là peuvent avoir une existence éphémère, naître et mourir à la fantaisie des crues et des décrues. Le fleuve n'en tient gré et continue de mener sa vie. Même s'il vient à l'homme d'avoir la prétention de le dompter et de lui jouer des entourloupes. Dans le cadre de l'aménagement du Haut-Rhône, son cours a été dérivé. Si l'eau s'enfile toujours dans l'étroiture de Yenne, une partie du débit a été détournée en amont près de Chanaz. Un barrage l'emmène dans un canal artificiel de 15 km qui vient devant Belley et où une usine hydroélectrique a été aménagée. Plus en aval, le fleuve retrouve son ancien lit…

Au-delà du parking, suivre la rue qui longe l'église et passe devant l'école. Puis prendre un chemin vers la droite. Il est repérable par le panneau évoquant Compostelle (une section du célèbre chemin passe par Yenne), ainsi qu'un panneau indiquant l'itinéraire (circuit-découverte). Nous sommes sur un GR® dont le balisage est blanc-rouge. Après 100 m, emprunter un passage souterrain sous la N 504. 50 m plus loin, prendre à droite et franchir un pont de pierre sur la rivière de la Méline, puis prendre à gauche (panneau). De direction nord, le chemin suit la rive gauche du fleuve. Bien le conserver. Des panneaux explicatifs racontent le fleuve et la végétation. On peut voir la dent du Chat. Parvenu au lieu-dit « l'Ile », abandonner le GR® qui poursuit sur les berges du fleuve, et prendre à droite (panneau : retour). Après une ligne droite le long des arbres, ce sentier reprend la direction de Yenne. Balisé en jaune, il s'en va parmi les champs. À un certain moment, il laisse un chemin à gauche puis il traverse une rivière. Il passe devant une déchetterie et une station d'épuration. Puis il vient à proximité de la N 504. Il retrouve le pont sur la Méline et le souterrain sous la N 504. Et il ramène au point de départ.

Le Rhône à Yenne.

230 m
460 m
230 m
2 h 00
oui
Montagnin
Crémon
le Golet
les Puthods
D 210
Ruisseau du Biez Blanc
D 37a
Pierre
des Fées
le Plat
le Château
Lucey
1
Vraisin
D 921
N
0
250 m

47 Les hauteurs de Lucey

On s'élève doucement pour voir s'épanouir la plaine où coule le Rhône. Parmi des paysages qui apportent une vision différente de l'idée que l'on se fait habituellement de la Savoie.

Accès : se rendre à Lucey situé sur la D 921 entre Chanaz et Yenne. Parking sur la place centrale.
Difficulté : facile.
Balisage : jaune.

SYMPA
Un détour s'impose vers l'église. Son clocher à bulbe est une splendeur.

Le château fut construit à la fin du XIIIe siècle. Il fut décapité de deux tours sous la Révolution. En 1817, il fut cédé au général de Boigne dont le nom est connu des Chambériens. Ce personnage dressé au sommet de la colonne des Éléphants a suivi un parcours étonnant. De son vrai nom Benoît Leborgne, il fut chassé de la ville parce qu'il menait une existence trop tapageuse au goût des syndics. Parti à l'aventure, il devint général en chef de l'armée du plus grand radjah des Indes. Il revint couvert de gloire, fut fait comte et légua sa fortune à sa ville natale. Plus haut que le château de Lucey, le hameau de Vraisin domine la plaine où coule le Rhône. Ce hameau viticole possède de remarquables caves-celliers. Sur le plateau supérieur, l'itinéraire poursuit à travers bois et prés. Il revient par un sentier qu'on appelle sarrasin et en passant par la pierre des Fées. Que n'a-t-on dit des Sarrasins et que n'a-t-on dit des fées ?

Le château de Lucey.

Du parking, traverser la D 921 et suivre la rue qui longe le ruisseau du Biez blanc. Elle s'en va entre les maisons, puis tourne à gauche devant une croix de bois (avant de tourner, franchir le pont à droite pour aller voir une cascade pétrifiante au pied du château). On rejoint la D 210 que l'on prend à main droite (panneau : sentier-découverte). Passer devant l'entrée du château. À la sortie du virage, prendre le sentier qui grimpe à droite. Il passe en contrebas de la route et parvient sur un replat (un panneau décrit les anciens moulins). Il retrouve la route et la suit sur 100 m. Prendre à droite (panneau : Vraisin) un chemin qui s'élève en sous-bois et parvient sur un replat. Laisser un chemin à droite et poursuivre la montée à Vraisin. La vue se dégage. À Vraisin ❶, traverser la route et prendre un sentier près d'un bassin. Il s'élève et parvient de nouveau à la route. Reprendre de l'autre côté de celle-ci (30 m à droite) un sentier qui grimpe dans le versant, fait quelques virages, longe une petite falaise (panorama sur la vallée) et parvient sur le balcon supérieur où il s'enfonce en sous-bois. À l'intersection des Échelettes, prendre à gauche la direction du Plat. Retrouver un large chemin que l'on prend à main gauche (panneau : Crémon). Il descend à travers bois et prés. Peu après un bâtiment, au lieu-dit le Golet, prendre à gauche le chemin des Sarrasins (panneau Vraisin). Presque horizontal, il passe près de la pierre des Fées et rejoint une route. La traverser et prendre la route qui ramène à Vraisin où l'on retrouve l'itinéraire pris à l'aller.

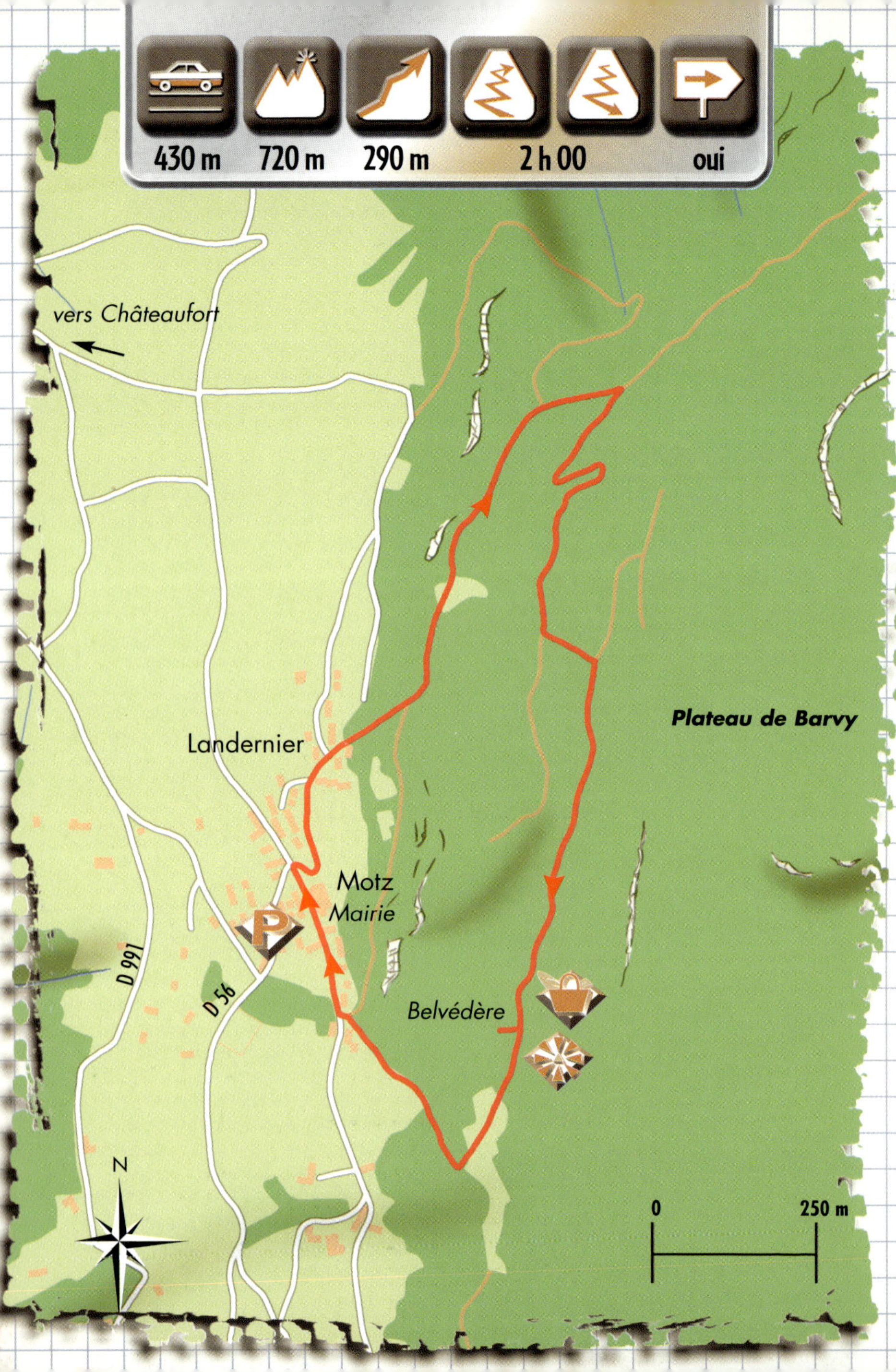
430 m
720 m
290 m
2 h 00
oui
vers Châteaufort
Landernier
Motz
Mairie
Plateau de Barvy
Belvédère
D 991
D 56
N
0
250 m

48 Le sentier de Motz

Aux confins de la Haute-Savoie, en belvédère au-dessus de la vallée du Rhône, c'est une balade pour découvrir la végétation. Mais l'aspect architectural n'est pas absent.

Accès : d'Aix-les-Bains, prendre la D 991 qui longe le lac et mène vers Chindrieux et la Chautagne. Peu après Serrières-en-Chautagne, prendre à droite la D 56 qui s'élève au village de Motz. Se garer sur le parking près de la mairie et face à l'école.
Difficulté : quelques portions raides. Attention de ne pas glisser.
Balisage : panneaux.

Le bourg de Motz est joliment préservé. Avec ses vieilles maisons et son église de la fin du XVIe siècle. Avec le four à pain de Landernier. Sans oublier les celliers puisque nous sommes sur le vignoble de Chautagne. En grimpant, on remarque le château de Châteaufort. Antérieur au XIIIe siècle, il a été construit en position stratégique au confluent du Fier et du Rhône. Louis XIII ordonna la démolition de ses fortifications. Il fut incendié. Reconstruit, il conserve quelques parties anciennes. Sur le plateau, un belvédère permet de découvrir le Rhône qui promène ses méandres et son canal de dérivation rectiligne. En rive opposée s'allonge le Grand Colombier, dernier sursaut du Jura. Vers le sud, on distingue le lac du Bourget. Au nord, la ville de Seyssel se partage sur les deux rives du fleuve entre Ain et Haute-Savoie.

Les couleurs du vignoble.

Du parking, suivre la route qui va au hameau de Landernier (c'est celle qui monte à gauche de l'école). Dans le hameau, prendre à gauche le chemin qui démarre devant le four à pain (panneau). Il s'élève sur un replat où se trouve un réservoir et d'où l'on peut voir Seyssel. Sur ce replat, prendre le sentier qui débute à droite. Il s'élève dans le versant parmi les buis (passage escarpé). Il rejoint un chemin plus large. Bientôt prendre un sentier à droite et rejoindre à nouveau un large chemin que l'on prend à main droite. L'itinéraire amorce une direction vers le sud. Et de nouveau un sentier qui rejoint plus haut le chemin. On débouche sur le plateau de Barvy. Le chemin s'en va horizontalement dans le taillis. Faire un écart à droite par une sente qui mène à un belvédère (panneau). Vue sur la vallée (table de pique-nique). Puis revenir au chemin et poursuivre (panneau : Motz : 30 mn). C'est un sentier qui aborde la descente sur le versant opposé à celui de la montée. Il traverse un secteur où poussent des pins. Par des escarpements, il dégringole et retrouve une route que l'on prend à main droite et qui ramène au point de départ.

Altitude moyenne : 360 m
2 h 00
oui
Étang de Beaumont
les Entremis
Étang de Braille
Observatoire
Étang de Crosagny
Mercy
Moulin
N
0
250 m
St-Félix
vers Aix-les-Bains

49 L'étang de Crosagny

Dans les vallonnements de l'Albanais, les étangs de Crosagny et de Beaumont étalent côte à côte leurs eaux claires.

La roue du moulin.

Accès : à Saint-Félix (entre Aix-les-Bains et Annecy), lorsqu'on aborde la rue principale qui s'élève dans le bourg (quand on vient d'Aix), environ 200 m avant l'église, prendre une route à gauche (panneau : complexe sportif). C'est la rue du Brouillet. Après 300 m, prendre la route qui part à droite. La suivre sur 400 m. Parvenir à une croisée de routes où se dresse une croix. Terre-plein avec un panneau (parking étang).
Difficulté : facile.
Balisage : panneaux.

Prendre la route de Crosagny (panneau) qui va dans le prolongement de la route par laquelle on est arrivé. Après 200 m, laisser une route qui part à droite et poursuivre tout droit. Notre route longe un bâtiment agricole (situé à gauche). Après une descente, elle tourne à gauche vers un groupe de maisons avec le moulin et sa grande roue. Continuer par la piste non goudronnée qui prolonge la route (panneau : sentier des marais). Peu après, laisser un chemin à gauche et parvenir à l'étang de Crosagny. On va suivre le sentier-découverte et ses panneaux explicatifs. Prendre le large chemin qui part à droite. Le suivre sur 100 m jusqu'à un ponton près d'une vanne qui régule l'étang. Puis revenir sur ses pas et poursuivre par le chemin qui va parmi les prés (à gauche de l'étang) en longeant une rangée d'arbres. Après 200 m, laisser ce chemin et prendre à droite le sentier bordé de barbelés qui vient près de l'étang. Parvenir à l'observatoire. Grimper sur celui-ci. Puis reprendre le sentier qui continue le long de l'étang. Parvenir au lieu-dit « les Entremis », à la limite entre l'étang de Crosagny et celui de Beaumont. Ne pas aller au-delà pour ne pas déranger la faune.
Retour : par le même itinéraire.

Dès le XIVe siècle, le comte de Genève avait ordonné l'aménagement des étangs afin d'y pratiquer la pisciculture. Les paysans venaient y faucher la blache, un foin rustique qu'ils utilisaient pour la litière de leur bétail. Au XVIIIe siècle, on construisit un moulin. Puis une guinguette fut aménagée où l'on venait danser. On pouvait louer des embarcations et rêvasser sur les eaux. En hiver, on pratiquait le patin à glace. Le site connaissait une forte animation. La roue du moulin cessa de tourner en 1950. L'exploitation agricole des étangs fut abandonnée. Vers les années 1980, les associations et les élus prirent conscience de l'utilité d'enrayer le comblement des marais. Les zones humides sont riches d'une flore et d'une faune spécifiques. L'étang fut remis en eau. Le Conservatoire du patrimoine naturel de la Savoie s'intéressa au site. On y observe un grand nombre d'oiseaux aquatiques. À la belle saison s'épanouissent les nénuphars. Un sentier-découverte est aménagé sur les berges et un observatoire permet de découvrir la faune sans la déranger.

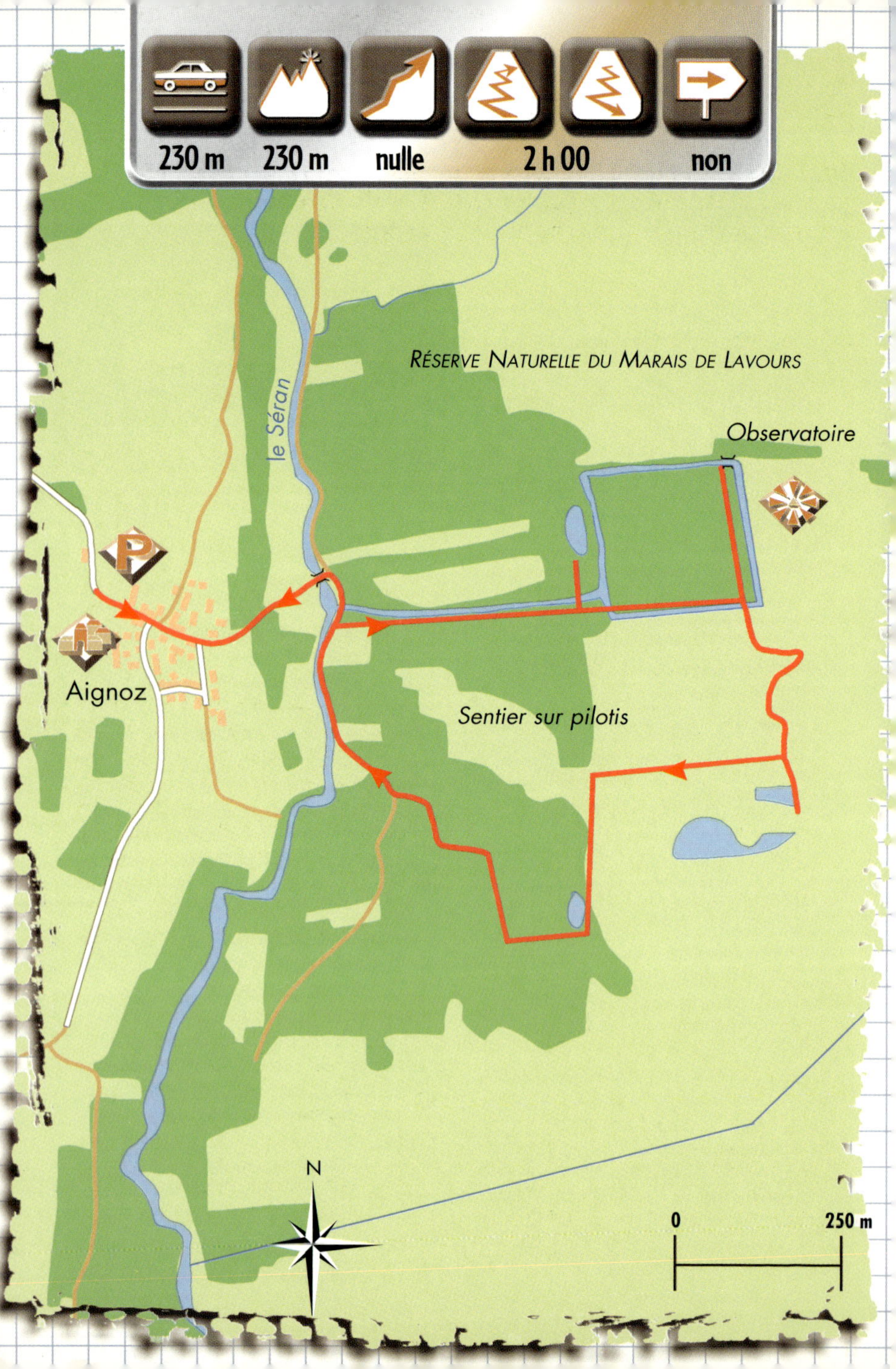
230 m
230 m
nulle
2 h 00
non
RÉSERVE NATURELLE DU MARAIS DE LAVOURS
Observatoire
le Séran
Aignoz
Sentier sur pilotis
N
0
250 m

50 Le marais de Lavours

Situé au pied du Grand Colombier, ce marais est l'une des dernières grandes zones humides d'Europe occidentale. Son sentier présente la particularité d'être aménagé sur des pilotis.

Accès : le marais se situe dans l'Ain près de Culoz. Depuis Aix-les-Bains, suivre la D 991 qui longe la rive orientale du lac du Bourget et mène en Chautagne. À hauteur de Saumont, prendre à gauche la D 904. Elle franchit le Rhône et parvient à Culoz. Prendre la direction d'Ambérieu. À Ceyzérieu, prendre à gauche vers Aignoz. Un parking est aménagé à l'entrée du village.
Difficulté : facile. Attention, les planches du ponton sont glissantes par temps humide.
Balisage : sans.

SYMPA

La beauté du village d'Aignoz et de ses maisons traditionnelles.

Du parking, suivre la route et entrer dans le village d'Aignoz. Passer devant la maison de la réserve naturelle (renseignements et documentation). Le chemin fait une courte descente et traverse le Séran sur un pont de pierres. Après le pont, prendre le chemin à droite qui longe la rivière et parvenir tout de suite au départ (à gauche) du sentier pédagogique. Le parcours est évident puisqu'il se promène sur pilotis. Tout au long de ce sentier suspendu, des panneaux font découvrir la vie naturelle qui règne en ces lieux. À noter un poste d'observation devant un étang. Plus loin, un observatoire apporte une vue panoramique sur le marais.

Pendant des siècles, les habitants d'Aignoz recueillaient la tourbe dans le marais de Lavours. Ils y faisaient paître leurs bêtes et récoltaient la blache, un foin acide qui s'avérait excellent pour la litière du bétail. Ces activités déclinèrent au XXe siècle. Avec l'abandon de la pâture et de la fauche, une zone humide se transforme peu à peu en lande, puis en forêt. Lorsqu'on a voulu enrayer ce processus afin de sauvegarder le marais, il a fallu prendre des mesures d'urgence. Des opérations de débroussaillage furent engagées. On introduisit les Highland cattle, ces petites vaches rousses venues d'Écosse. Aujourd'hui, le marais est une réserve naturelle. On y a recensé plus de 130 espèces d'oiseaux. On y voit des sangliers, des castors, des renards et des chevreuils. Pour les observer, il est conseillé de venir tôt le matin ou en fin d'après-midi, de se munir d'une paire de jumelles et d'être discret.

L'iris des marais.

Les infos du p'tit crapahut

Météo : 08 92 68 02 73
Maison du Parc naturel régional du massif des Bauges : 04 79 54 86 40
Maison du Parc naturel régional de Chartreuse : 04 76 88 75 20
Musée de l'Ours à Entremont-le-Vieux : 04 79 26 29 87
Maison du marais de Lavours : 04 79 87 90 39
Office de tourisme d'Aix-les-Bains : 04 79 88 68 00
Office de tourisme du Bourget-du-Lac : 04 79 25 01 99
Office de tourisme de Challes-les-Eaux : 04 79 72 86 19
Office de tourisme de Chambéry : 04 79 33 42 47
Office de tourisme de Chautagne : 04 79 54 54 72
Office de tourisme de la Féclaz : 04 79 25 80 49
Office de tourisme de la vallée des Entremonts : 04 79 65 81 90
Office de tourisme de Yenne : 04 79 36 71 54

Du même auteur

– *Chambéry, Aix-les-Bains autrefois.* Éditions Horvath. Roanne (1984).
– *La Savoie en marchant.* Éditions de la Vie Nouvelle (1985).
– *Les sentiers autour de Chambéry.* Office du tourisme de Chambéry (1985).
– *Les refuges des Alpes* (en collaboration avec P. Serre). Éditions Glénat (1985).
– *Vanoise, montagne de l'homme.* Éditions Glénat (1986).
– *Le Parc national de la Vanoise* (guides des Parcs nationaux français). Éditions Glénat (1988). Tome 1 : Haute-Maurienne ; tome 2 : Haute-Tarentaise.
– *La Savoie Vagabonde.* Éditions Glénat (1990). Tome 1 : Bauges, Tarentaise, Beaufortain ; tome 2 : Chambéry, Chartreuse, Maurienne.
– *Beaufortain* (Les carnets de Territoire). Éditions Bias (1991).
– *Tarentaise* (Les carnets de Territoire). Éditions Bias (1991).
– *Contes et nouvelles de l'Envers* (recueil de nouvelles). Éditions Glénat (1994).
– *Le pays du Mont-Blanc.* Éditions Didier Richard (1994).
– *La Vanoise* (collection Traces et Découvertes). Éditions Didier Richard (1995).
– *30 balades autour de Chamonix.* Éditions Didier Richard (1994).
– *30 balades dans le Beaufortain.* Éditions Didier Richard (1995).
– *30 balades autour de Saint-Gervais.* Éditions Didier Richard (1996).
– *Jean-Marie Jeudy raconte les sentiers autour de Chambéry-Aix.* Éditions Didier Richard (1998).
– *Mont de Vénus* - Recueil de poésies (1999).
– *Chamonix, Mont-Blanc.* Éditions Glénat (2000).
– *Le p'tit crapahut autour d'Annecy.* Éditions Libris (2002).
– *Les mots pour dire la Savoie.* Éditions La Fontaine de Siloé (2003).

Et coauteur des ouvrages :
– *Histoire d'écrire.* Les auteurs associés de la Savoie et de l'Arc alpin. Éditions Derrier (2000).
– *Chambéry, une ville, des regards.* Éditions En train de Lire (2003).
– *Le guide du Parc national de la Vanoise.* Collectif d'auteurs, Éditions Glénat (2003).
– Les guides Gallimard « *Savoie* » et « *Parc naturel régional de la Chartreuse* ».

L'auteur

La nature à fleur de peau, Jean-Marie Jeudy est marcheur de son état et autodidacte par excellence. Accompagnateur en montagne, écrivain, peintre et photographe, il arpente aussi bien les cimes des Alpes que les vallées népalaises... Toujours à la quête des autres, il trouve son inspiration sur les routes de traverse, puis traduit ses découvertes par des conférences. Il a publié une vingtaine de livres qui traitent de la montagne et de la Savoie, où le texte et la photographie témoignent de ses passions, ainsi qu'un recueil de nouvelles, Contes et nouvelles de l'Envers *aux éditions Glénat et un recueil de poésie* Mont de Vénus*. Journaliste, il écrit régulièrement dans le quotidien* Le Dauphiné Libéré *et collabore à de nombreuses revues. Homme de radio, il tient une chronique journalière sur* France Bleu Pays de Savoie*. Conteur, il présente des soirées où il restitue la vie montagnarde et la tradition orale en y mêlant son inspiration et sa poésie. Pour ses travaux et sa contribution au rayonnement culturel et artistique de la Savoie, Jean-Marie Jeudy a obtenu le prix Béatrice de Savoie en 1991.*

Achevé d'imprimer
en avril 2007